INTERPRETATIONEN DEUTSCH

Günter Grass

Im Krebsgang

Interpretiert von
Markus Hille

STARK

Bildnachweis
Umschlagbild: Süddeutsche Zeitung Photo/SZ Photo
S. 3 (Günter Grass): picture-allliance/dpa
S. 12 (Überführung der Gustloff-Leiche): ullstein bild
S. 14 (Wiesinger, Schön): picture-allliance/dpa
S. 19 (Szene aus Film „Nacht fiel über Gotenhafen"): ullstein bild
S. 21 (Schwimmbad auf der „Gustloff"): http://tverdyi-znak.livejournal.com/318543.html
S. 22 (Schiff „Gustloff"): BArch, Bild 183-L12207/Augst/CC-BY-SA
S. 30 (Krebse): © Brian Murphy/iStockphoto
S. 38 (Wilhelm Gustloff): ullstein bild
S. 39 (David Frankfurter): Bundesarchiv, Bild 146-2009-0188-500. Foto: o. Ang. I 1936
S. 40 (Denkmal Alexander Marinesko): http://commons.wikimedia.org/wiki/File:Marinesko_tomb_03.jpg?uselang=de (gemeinfrei)
S. 56 (Flüchtlingstrek): BArch, Bild 183-W0402-500/Dissmann/CC-BY-SA
S. 63 (Nazi-Aufmarsch): picture-allliance/dpa
S. 73 (Szene aus Film „Nacht fiel über Gotenhafen"): ullstein bild
S. 88 (Altardarstellung von Joseph Bentele): http://de.wikipedia.org/wiki/Datei:Lindenberg_Alte_Pfarrkirche_Seitenaltar_rechts_Altarblatt.jpg (gemeinfrei)

ISBN 978-3-86668-704-2

Inhalt

Autor: Markus Hille

Vorwort

Liebe Schülerin, lieber Schüler,

die Novelle, mit der Sie sich beschäftigen, thematisiert die schlimmste Schiffskatastrophe der Geschichte, den Untergang des Schiffes *Willhelm Gustloff*. Aber sie ist keine historische Novelle. Vielmehr stellt sich *Im Krebsgang* die **Frage**, inwieweit es eine **Schuld** ist, **schlimme Geschichte** nicht zu erzählen, denn unter Umständen ist es schwierig, Schlimmes zu erzählen. Weil das so knifflig ist, wie es sich anhört, hat *Im Krebsgang* einen **Erzähler, der nicht erzählen will**: Es handelt sich um einen mittelmäßig begabten Journalisten, der von einem Alter Ego des Nobelpreisträgers Günter Grass damit beauftragt wird.

Vom spannenden Stoff, der Torpedierung der *Wilhelm Gustloff* kurz vor Ende des Zweiten Weltkrieges, überfordert, will sich der Ghostwriter auf die Berichterstattung beschränken. Das verhindert zwar, dass der Leser in die Geschichte eintauchen kann, aber es bewahrt dem Auftragsschreiber doch seinen kühlen Kopf. Dabei schwankt die Novelle **zwischen Geschichtsschreibung und Erzählung, zwischen Fakten und Fiktion**, hin und her.

Schlimme Geschichten pflegen einen Sog auszuüben, was sich am Sohn des Ghostwriters ablesen lässt. Als sich dieser auf weniger distanzierte Weise für die unheilvolle *Wilhelm Gustloff* begeistert, **begeht** er bald darauf einen **Mord**.

Die vorliegende *Interpretationshilfe* zeigt Ihnen einen Zugang zu Günter Grass' Novelle über die Frage, wie sich schlimme Geschichten erzählen lassen: Die **Einführung** zeichnet ein Bild von der literarischen und politischen Vielschichtigkeit des Textes. Die darauf folgende **Biografie** des Autors macht Sie mit einigen Verbindungen zwischen dem Leben des Günter Grass und der Thematik der Novelle bekannt. Nach einer **Inhaltsangabe** erfolgen **Textanalyse und Interpretation**: Neben den

Figuren werden hier vor allem der Aufbau, die komplizierte Erzählweise, die sprachliche Gestaltung und zentrale Themen und Motive behandelt. Im vorletzten Abschnitt werden **drei Schlüsselstellen** von besonderer Bedeutung analysiert und **interpretiert**. Anmerkungen zur **Rezeption** der Novelle und zur literaturgeschichtlichen Einordnung sowie Hinweise zur **weiterführenden Literatur** bilden den Abschluss des Bandes.

Viel Freude bei der Lektüre!

Markus Hille

Einführung

Trotz ihrer anspruchsvollen Konstruktion ist die Novelle *Im Krebsgang* (2002) mit **ungewöhnlicher Aufmerksamkeit** in der Öffentlichkeit aufgenommen worden. Dass zur Aufmerksamkeit der Erfolg kam, verdankt *Im Krebsgang* einesteils der Bekanntheit des Autors, des Nobelpreisträgers Günter Grass, andernteils dem sensiblen Thema: der Torpedierung des mit Ostflüchtlingen (vor allem Alte, Frauen und ca. 4 000 Kinder), Schwerverwundeten, Marinehelferinnen und Matrosen der Kriegsmarine überfüllten ehemaligen KdF-Kreuzfahrtschiffes *Wilhelm Gustloff* am 30. Januar 1945 durch ein russisches U-Boot in der eisigen Ostsee. Die Zahl der Opfer kann nicht exakt angegeben werden, denn ab ca. 6 000 registrierten Passagieren ging das Papier aus und die Listen wurden nicht weiter geführt. Teilweise wird heute von über 10 000 Passagieren ausgegangen. Da nur 1 239 Schiffbrüchige (es wird auch die Zahl 838 genannt) gerettet werden konnten, wurde für mindestens 5 000 Passagiere und Besatzungsmitglieder der einstige Stolz der KdF-Flotte zum eisernen Sarg. Der Untergang der *Wilhelm Gustloff* ist damit das **größte Schiffsunglück der Seefahrtsgeschichte**. Es liegt daher an ihrem Gegenstand, dass in der Novelle Deutsche nicht nur als Täter, sondern auch als Opfer des von Nazideutschland begonnenen Krieges dargestellt werden, was als Politikum galt bzw. in Teilen immer noch gilt. *Im Krebsgang* eröffnet den Blick auf die nationalsozialistische Vergangenheit und die von den historischen Belastungen geprägte Gegenwart, indem sie historische und fiktive Persönlichkeiten versammelt, deren Geschichte sie mit dem Untergang der *Wilhelm Gustloff* in Zusammenhang bringt. Dies geschieht auf mehreren Erzählebenen, die das Erzählen selbst thematisieren, erzählen und berichten. Dieser **Facettenreichtum** der Novelle erfordert ein geduldiges Lesen. Sogar Nachsicht wird verlangt, weil es dem Ich-Erzähler nicht gelingen will, die sperrige Geschichte in ein Kunstwerk zu verwandeln. Grass verweigert dem Leser die Möglichkeit, sich mit einer Figur zu identifizieren. Denn der Leser soll wie der Autor der Geschichte **im Krebsgang in die Quere** kommen.

Der Autor Günter Grass will die Novelle auch als ein entschiedenes Plädoyer für einen nachhaltigen **Widerstand gegen die rechtsradikale Gewalt** verstanden wissen. Ereignisse wie die der „Zwickauer Zelle" angelasteten Morde (2000–2007) zeigen mit bedrückender Deutlichkeit, dass der von Konrad durchgeführte Mord an Wolfgang Stremplin alias „David" nicht aus der Luft gegriffen ist. Mit dem Erzählern oft eigenen Spürsinn erfasst Günter Grass eine gewaltbereite Stimmung, die in einigen Segmenten der dem Nazismus nach wie vor anhängenden Bevölkerung vorhanden ist.

Biografie und Entstehungsgeschichte

1 Biografie

Günter Grass im Jahre 2009

Günter Grass gehört mit Hermann Hesse, Nelly Sachs, Heinrich Böll, Elfriede Jelinek und Herta Müller zu den **Nobelpreisträgern** für Literatur, die auf Deutsch schreiben und nach dem Zweiten Weltkrieg die höchste Auszeichnung für Literatur zuerkannt bekommen haben. Mit dem 1975 verstorbenen Heinrich Böll – beide haben das Unrechtsregime der Nazis erlebt – teilt Grass die Überzeugung, dass der **Autor vor allem auch Bürger** ist und sich im Sinne des demokratischen Rechtsstaates einzumischen hat. Mit scharfen Stellungnahmen zu gesellschaftlichen und politischen Themen – zuletzt mit dem israelkritischen Gedicht *Was gesagt werden muß* (2012) – sorgt Grass für hitzige Diskussionen. Wie Böll bevorzugt er den Alltagston als Erzählsprache. In besonderem Maße fühlt sich Grass der **Aufarbeitung der Nazivergangenheit** verpflichtet. Dieses Engagement verleiht seinem Werk eine persönliche und allgemeine Relevanz.

Günter Grass wurde am **16. Oktober 1927 im Danziger Vorort Langfuhr** geboren. Seine Eltern führten einen Kolonialwarenladen. Der protestantische Vater entstammte einer alteingesessenen Handwerkerfamilie, die katholische Mutter war kaschubischer Herkunft, ihre Verwandten lebten in der Mehrzahl auf dem Land. Günter Grass wurde katholisch getauft und eher locker religiös erzogen. Ab 1937 besuchte er das Gymnasium. Von klein auf zeigte er große Begabung im Zeichnen, schrieb aber auch schon früh Gedichte und Geschichten. Im Danziger Kleinbürgermilieu erlebte Grass, wie der Ruf „Heim ins Reich" unter der deutschen Bevölkerung der Stadt Danzig, die seit dem Versailler Vertrag als Freistaat unabhängig war, immer lauter zu hören war.

Mit 16 Jahren wurde Grass als Luftwaffenhelfer und im Arbeitsdienst eingesetzt. 1944 erhielt er den Marschbefehl zur **Waffen-SS-Division** „Jörg von Frundsberg" und wurde zum Panzerschützen ausgebildet, als solcher vereidigt und verwundet. Er wurde in Marienbad versorgt und geriet in amerikanische Kriegsgefangenschaft. Der anfangs für das Dritte Reich eingenommene Günter Grass hat bei Kriegsende die Aufklärung über die Verbrechen der Naziherrschaft – so berichtet er u.a. in der Autobiografie *Beim Häuten der Zwiebel* – als Schock erlebt, aus dem er einen künstlerischen Auftrag ableitete. Hier liegen die lebensgeschichtlichen Wurzeln der Thematik von *Im Krebsgang.*

1947 begann Grass eine Steinmetzlehre, um sich auf sein Studium der Bildenden Künste an der Düsseldorfer Kunstakademie, 1948–1952, vorzubereiten.

1956–1960 lebte Grass in Paris, wo er einige Dramen, aber vor allem seinen Roman *Die Blechtrommel* verfasste. Fortan lebte und arbeitete Grass als **Schriftsteller, Steinmetz und Grafiker**. 1960 zog Gras nach West-Berlin, von wo aus er ab 1965 wiederholt zu Wahlkampfreisen für die SPD aufbrach. Bis dahin war die *Danziger Trilogie*, die seinen Ruf als Schriftsteller begründet hat, veröffentlicht: *Die Blechtrommel* (1959), *Katz und Maus* (1961), *Hundejahre* (1963). Es folgten unter anderem *Der Butt* (1977), *Das Treffen in Telgte* (1979), *Die Rättin* (1986), *Mein Jahrhundert* (1999), *Im Krebsgang* (2002), *Beim Häuten der Zwiebel* (2006). Neben den epischen Werken veröffentlichte Grass auch Gedichtbände (u.a.: *Die Vorzüge der Windhühner,*

1956; *Mit Sophie in die Pilze gegangen,* 1988; *Fundsachen für Nichtleser,* 1997). Seine Arbeit als Maler wurde vor allem durch die Motive bekannt, die er für die Einbände seiner literarischen Werke, einschließlich des Krebses für *Im Krebsgang*, zeichnete.

Günter Grass erhielt zahlreiche, nicht nur deutsche Literaturpreise und sein Werk ist in über 30 Sprachen übersetzt. In Auswahl seien hier einige Auszeichnungen erwähnt: Preis der Gruppe 47 (1958); Französischer Literaturpreis „le meilleur livre étranger" (1962); Büchner-Preis (1965); Fontane-Preis (1968); Internationaler Literaturpreis, Viareggio (1978); Feltrinelli Preis, Rom (1982); Thomas-Mann-Preis (1996). Eine besondere Ehre war die Verleihung des **Literatur-Nobelpreises** im Jahre 1999.

2 Entstehungsgeschichte

Auf den ersten Blick hat die Novelle *Im Krebsgang* den Untergang der *Gustloff* zum zentralen Gegenstand. Aber die programmatische Eingangsfrage „Warum erst jetzt?" macht ein Versäumnis kenntlich und unterlegt der Schiffskatastrophe ein Thema, das vor allem zu Beginn der Kapitel vier und fünf nochmals aufgegriffen wird: **das Elend** von Flucht und Vertreibung zu Kriegsende, für das der Untergang der *Gustloff* symbolisch stehen soll, **nicht „rechtzeitig** auf zweihundert Blatt Papier" (S. 77) **aufgeschrieben** zu haben. Tatsächlich hat Grass den **Untergang in einigen Werken erwähnt**, ihn aber nicht weiter ausgeführt.

Die Geschichte der Ursula Pokriefke, der fiktiven Mutter des fiktiven Ich-Erzählers von *Im Krebsgang*, und der Schiffskatastrophe lässt sich bis in die Anfänge des Werkes von Grass zurückverfolgen: In der *Blechtrommel* (1959) fahren Freunde von Oskar Matzeraths Mutter auf der *Gustloff* in Urlaub. Im 11. Kapitel des Romans *Die Rättin* (1986) wird der Untergang der *Gustloff* geschildert. In *Mein Jahrhundert* (1999) reiht ein mit dem Ich-Erzähler Paul Pokriefke vergleichbarer Erzähler die Schiffskatastrophe unter der Jahreszahl 1945 ein und verzichtet auf eine weitere Ausgestaltung der Tragödie, denn noch fehlt – wie Grass in *Beim Häuten der Zwiebel* erzählt – der Weg, wie die Katastrophe zu erzählen sei. Erst als ihm die Idee kommt, dass er Tulla Pokriefke nicht, wie in *Die Rättin* angedeutet, auf der *Gustloff* sterben lassen sollte, entscheidet er sich dafür, den Stoff auszugestalten. Die siebzigjährige Überlebenskünstlerin entpuppt sich als **geeignete Erinnerungsfigur**, von der aus die Schiffskatastrophe ins Auge gefasst werden kann. Durch ihre Figur ist die Novelle so eng mit der *Danziger Trilogie* verflochten, dass vorgeschlagen wird, *Im Krebsgang* als vierten Band dieses dann Tetralogie zu nennenden Werkensembles zu bezeichnen.

Grass verfasste die Novelle in nur neun Monaten. Die Niederschrift begann mit dem Entwurf im Februar 2001. Wie der Autor selbst geäußert hat, arbeitete er die erste Fassung gewohnheitsmäßig von Hand aus, danach überarbeitete er diese in weiteren Fassungen auf seiner Olivetti, einer Schreibmaschine. Als Material benutzte er eigene Studien zum Thema, Ergebnisse der Recherchen, die er bei Olaf Mischer in Auftrag gegeben hatte, sowie die in der Novelle genannten Werke, hier besonders die Dokumentation von Heinz Schön: *Die Gustloff-Katastrophe* (1. Aufl. 1951, 6. Aufl. 2002). Grass lässt Heinz Schön in der Novelle sogar selbst auftreten. Für die Ausgestaltung des Gerichtsprozesses hat Grass nach eigenen Angaben auf die Lektüre zahlreicher Protokolle von Prozessen gegen rechtsradikale Gewalttäter zurückgegriffen. Auch Internetseiten hat Günter Grass studiert, die Website der Kameradschaft Schwerin beispielsweise gibt es wirklich. Die Website mit der Adresse *www.blutzeuge.de*, die in Grass' Novelle eine solch große Rolle spielt, ist allerdings vom Steidl-Verlag, in dem *Im Krebsgang* im Jahr 2002 erschienen ist, eingerichtet worden. Dass Rechtsradikale die Adresse für Propaganda verwenden, wurde so ausgeschlossen.

Inhaltsangabe

Der nach Kapiteln geordneten Inhaltsangabe wird ein Kurzüberblick über das Geschehen und eine tabellarische Übersicht über die fiktiven und historischen Daten vorangestellt, um das Verständnis des komplex erzählten Geschehens zu erleichtern.

Kurzüberblick über das Geschehen

Paul Pokriefke, der **Ich-Erzähler**, stößt Anfang des Jahres 1996 auf die rechtsradikale Website *blutzeuge.de*, auf der begeistert über den Nationalsozialisten **Wilhelm Gustloff**, der 1936 von dem Juden **David Frankfurter** ermordet worden ist, und über das nach ihm benannte NS-Schiff berichtet wird. Der Alte (auch Auftraggeber genannt), ein ehemaliger Dozent, und Tulla Pokriefke, Pauls Mutter, drängen Paul schon lange, die Geschichte der *Gustloff* zu erzählen, die eng mit Tullas und Pauls Biografie zusammenhängt: Tulla – wie Hunderttausende andere auf der Flucht vor der immer weiter gegen das NS-Regime vorrückenden sowjetischen Armee – ist hochschwanger auf der während des Weltkriegs u. a. als Flüchtlingsschiff eingesetzten *Gustloff* gewesen, als das Schiff 1945 von der sowjetischen Armee torpediert worden ist. Von einem anderen Boot gerettet, hat sie **in der Unglücksnacht Paul zur Welt gebracht**.

Angestoßen von der rechten Internetseite **recherchiert** Paul zum historischen Thema rund um das Schiff und seine Vorgeschichte. Er erzählt die Biografien Gustloffs, Frankfurters und des Kommandanten des Sowjetschiffes, Marinesko, berichtet vom Bau der *Gustloff* und von ihrem Untergang. Dabei verfolgt er die Internetseite weiter. Er stellt fest, dass sein zunächst bei seiner Exfrau, dann bei seiner Mutter wohnender **Sohn Konrad** der **Webmaster** der Internetseite ist und die Geschichte um Gustloff und das Schiff geschickt zur **rechtsradikalen Propaganda** nutzt. Als Ursache für Konrads politische Einstellung sieht Paul den **Einfluss Tullas**, die auf die Erinnerung an die *Gustloff* und deren Untergang fixiert ist und einfordert, dass von diesem im Nachkriegsdeutschland lange verdrängten Thema Zeugnis abgelegt werde. Im Internet liefert sich Konrad mit Wolfgang Stremplin, der sich als Jude mit dem Namen David ausgibt, intensive Auseinandersetzungen zur Geschichte und Vorgeschichte der *Gustloff*. Die beiden Kontrahenten treffen sich schließlich in Schwerin. Nach einem Stadtrundgang **erschießt** Konrad Wolfgang und wird dafür zu sieben Jahren Jugendhaft verurteilt.

Der Novelle liegt eine Reihe von realhistorischen Ereignissen zugrunde, die in der folgenden Tabelle von den fiktiven Daten abgehoben werden.

Tabellarische Übersicht über die historischen und fiktiven Daten

Historische Daten		**Fiktive Daten**	
1895	Geburt Wilhelm Gustloffs am 30. Januar (Schwerin)		
1933	Adolf Hitlers „Machtergreifung" am 30. Januar	1927	Geburt Tulla Pokriefkes (Danzig)
1936	David Frankfurters Mord an Gustloff am 4. Februar; Verurteilung Frankfurters		
1937	Taufe des Schiffes „Wilhelm Gustloff" am 5. Mai		
1938	Jungfernfahrt der „Gustloff" am 23. März		
1938 bis 1945	Einsätze der „Gustloff" (u. a. als Urlaubsschiff, Lazarettschiff; schließlich Ausbildungsschiff in Gotenhafen)		

1939	Beginn des Zweiten Weltkriegs		
1945	Aufbruch der „Gustloff“ von Gotenhafen und ihr Untergang am 30. Januar nach Angriff durch U-Boot des sowjetischen Kommandanten Marinesko	1945	Tullas Flucht mit ihren Eltern; hochschwangere Tulla auf der „Gustloff“ – Paul Pokriefkes Geburt auf Rettungsschiff während Untergang der „Gustloff“
	Ende des Zweiten Weltkriegs / des NS-Regimes am 8. Mai		
	Haftentlassung Frankfurters		
		1960	Pauls Umzug von Tulla (DDR) zu Jenny (BRD)
1963	Tod Marineskos in Leningrad	ab 1967	Pauls Beruf: Journalist
		1980	Pauls Hochzeit mit Gabi, Geburt des Sohnes Konrad
1984	Tod Frankfurters in Tel Aviv	1987	Pauls Trennung von Gabi
1989	Mauerfall und Wende: Ende der DDR		
		1995	Treffen von „Gustloff“-Überlebenden vom 28. bis 30. Januar
		wohl 1995	Start der Internetseite „blutzeuge.de“
		1997	Konrads Mord an Wolfgang Stremplin am 20. April und Verurteilung zu sieben Jahren

Kapitel 1 (S. 7–29)

Wie jedes Kapitel beginnt auch das erste mit dem Bezug auf eines der sogenannten **Arbeitsgespräche** zwischen dem Auftraggeber und dem Ich-Erzähler Paul. Der Auftraggeber wird als „jemand, der nicht ich bin“ und „der keine Ausreden mag“ (S. 7), eingeführt. Während für den Ich-Erzähler „die Wörter Schwierigkeiten“ (S. 7) mit ihm haben, führt dieser Jemand den Beruf Pauls an, der als gelernter **Journalist** kaum Erzählschwierigkeiten haben sollte. Der Ich-Erzähler verteidigt sich mit dem

Hinweis, dass er sich beim Erzählen mit seiner eigenen Herkunft und seiner Existenz auseinandersetzen müsse.

Der Erzähler schildert, wie er im **Internet** auf die rechtsradikale Website *blutzeuge.de* gestoßen ist, auf der der gebürtige Schweriner Gustloff als „Blutzeuge" der nationalsozialistischen Bewegung gefeiert wird. Die Seite hat offenbar den **Anstoß** gegeben, das Geschehen rund um die *Gustloff* zu recherchieren und zu erzählen. Der Ich-Erzähler beginnt mit **Einblicken in die Lebensläufe** von drei Männern:

Der **erste Lebenslauf** ist der von **Wilhelm Gustloff**, der am 30. Januar 1895 in Schwerin geboren wird, wegen eines Lungenleidens nach Davos geht, dort Arbeit findet und – früh in die NSDAP eingetreten – die Organisation der Partei in der Schweiz übernimmt. Er wird schließlich von Gregor Strasser zum Landesgruppenleiter der NSDAP in der Schweiz ernannt.

Ausgehend von einer Internetdiskussion zum Datum des 30. Januar, auf das Gustloffs Geburt, Hitlers Machtergreifung und der Schiffsuntergang und somit auch Pauls Geburt fallen, geht Paul auf seine **Mutter Tulla** ein. Sie stammt aus Langfuhr in der Nähe von Danzig und wird nach dem Krieg in Schwerin zur Tischlerin ausgebildet.

Der **zweite Lebenslauf** ist der von **Alexander Marinesko**, der als Kommandant des russischen U-Boots S 13 die *Gustloff* auf den Tag genau 50 Jahre nach der Geburt des Namenspatrons mit drei Torpedotreffern versenkt. Marinesko wird 1913 in Odessa geboren, sein Vater ist Rumäne und seine Mutter aus der Ukraine. Er spricht ein Kauderwelsch aus Rumänisch, Ukrainisch und Jiddisch.

Mit seinen biografischen Hinweisen zu **David Frankfurter** (**dritter Lebenslauf**) vervollständigt der Ich-Erzähler das Trio: Auf der Homepage wird Frankfurter als Verantwortlicher gesehen, der Gustloff durch seinen Mord zum „Blutzeugen" macht und so mittelbar dem KdF-Schiff, dessen Versenkung Marinesko zum Helden der „baltischen Rotbannerflotte“ (S. 14) werden lässt, den Namen *Wilhelm Gustloff* einträgt. Der 1909 als Sohn eines Rabbiners im serbischen Daruvar geborene David Frankfurter, der unter einer chronischen Knochenkrankheit leidet, studiert Medizin, zuerst in Deutschland, geht dann aber wegen der zunehmenden Ausschreitungen gegen Juden in die Schweiz.

Den Lebenslaufbericht abbrechend, äußert der Erzähler den Verdacht, dass hinter der **Internetseite** *blutzeuge.de* „keine glatzköpfige Mehrzahl als Kameradschaft“ steht, „sondern ein Schlaukopf als **Einzelgänger** verborgen blieb“ (S. 18).

In einer **autobiografischen Einlassung**, in die auch die Feststellung eingeflochten wird, dass seine Mutter Tulla ihn ausersehen hat, vom Untergang der *Gustloff* Zeugnis abzulegen, geht Paul auf seine eigene **Jugend** ein: Mit sechzehn Jahren zieht er von Ost- nach West-Berlin zu „Tante“ Jenny, eigentlich eine Schulfreundin Tullas. Er wächst vaterlos auf, die Alimentezahlungen eines potenziellen Vaters ermöglichen ihm das Studium, das er aber später abbricht. Der Ich-Erzähler **vergleicht seine Vaterlosigkeit mit den Vatererfahrungen** derer, deren Lebensläufe er referiert, und meint, schlechter als diese weggekommen zu sein.

Im Folgenden werden die **Lebensläufe** von **David Frankfurter** und **Wilhelm Gustloff** fort- und **zusammengeführt**. Am 4. Februar 1936 setzt Frankfurter seinen Mordplan in die Tat um, indem er in Davos den am Vortag von einer Organisationsreise zurückgekehrten Gustloff mit vier Schüssen tötet. Wenig später stellt er sich der Polizei und wird festgenommen.

Bis in seine jetzige Gegenwart hinein erkennt Paul die Gegensätzlichkeit in der Bewertung des historischen Geschehens: Die einen bauen Wilhelm Gustloff zum „Blutzeugen“ der nationalsozialistischen Bewegung auf, die anderen sehen in der Mordtat einen gerechtfertigten Akt des Widerstands gegen den judenfeindlichen Nationalsozialismus.

Kapitel 2 (S. 30–53)

Paul erzählt, dass er seinen Auftraggeber aus einem Kurs im *creative writing* kennt, in dem dieser Dozent gewesen ist. Gegenüber dem Alten, der das Ich deshalb mit dem Erzählen beauftragt zu haben scheint, weil er selbst „leergeschrieben" (S. 30) ist, erläutert das Ich sein **Stocken im Erzählen** mit der Empfindung, dass das Erzählen nicht lohne. Die Fortsetzung seiner Arbeit begründet Paul biografisch mit seiner Mutter, die dies sein ganzes Leben lang von ihm verlangt habe. Erst als er Ende Januar 1996 auf die Website *blutzeuge.de* gestoßen ist, hat er aber Interesse für den Stoff entwickelt. Die dort präsentierten Fotos des KdF-Urlaubsschiffs *Wilhelm Gustloff* sind ihm Anlass, von der Begeisterung seiner Großeltern für das Schiff zu erzählen.

Anschließend geht der Ich-Erzähler Paul auf die propagandistisch inszenierte **Überführung der Leiche** des Ermordeten nach Schwerin und die dortige Trauerfeier ein, die etwa zeitgleich mit der Vorbereitung des Prozesses gegen **David Frankfurter** stattfinden.

Historisches Foto der Überführung der Gustloff-Leiche

Neben den im Internet beobachtbaren Huldigungen gegenüber dem Ermordeten registriert Paul im Internet-Chatroom auch eine kritische Stimme. Der Webmaster der Internetseite fordert indessen die Errichtung eines Gedenksteins an der Stelle, an der sich in der NS-Zeit Gustloffs Grabmal befand.

Die Biografie Gustloffs wird nun von der Geschichte des nach ihm benannten **KdF-Schiffes** abgelöst, das Robert Ley, Leiter der *Deutschen Arbeitsfront*, zur Erweiterung seiner KdF-Flotte bauen ließ. Die organisierten Urlaubsreisen der **K**raft-**d**urch-**F**reude-Schiffe sind für Paul ein Grund dafür, dass sich viele Arbeiter und Angestellte der Arbeitsfront für den Nationalsozialismus begeistern ließen. Seine Mutter empfindet die klassenlosen KdF-Schiffe – ungeachtet der gegensätzlichen politischen Lager – als „Vorbild für jeden wahren Kommunismus“ (S. 40).

Der Ich-Erzähler thematisiert die **Normalität seiner eigenen Existenz**. In den Augen seiner Ehefrau Gabi, die bei der Trennung nach sieben Jahren mit dem gemeinsamen Sohn Konrad nach Mölln zieht, und in den Augen seiner Mutter Tulla ist er ein **typischer Versager**. Tulla überträgt die lange Zeit an ihn herangetragenen Hoffnungen deshalb auf ihren einzigen Enkel Konrad, der sie sofort nach dem Mauerfall besucht hat und – wie Paul selbst – auch „mit der Story vom ewigsinkenden Schiff abgefüttert“ (S. 44) worden sein muss.

Nach diesem autobiografischen Exkurs wendet sich der Ich-Erzähler dem Prozess gegen den geständigen David Frankfurter zu, der zu achtzehn Jahren Gefängnisstrafe mit anschließendem Landesverweis verurteilt wird.

Der Ich-Erzähler beobachtet, wie sich auf der Seite *blutzeuge.de* ein **virtueller Kampf** zwischen dem User „Wilhelm“, einem Verteidiger des Andenkens an Wilhelm Gustloff, und dem User „David“, einem Gegner des Andenkens, entwickelt. In einem meist ernsten, gelegentlich aber auch lockereren Schlagabtausch rollen diese den Prozess gegen Frankfurter nochmals auf, wobei David für den Angeklagten Partei ergreift, während Wilhelm auf der Seite des Ermordeten steht.

Den Blick wieder auf die Historie richtend, berichtet der Ich-Erzähler, wie das neugebaute **KdF-Schiff** durch Gustloffs Witwe unter dem Jubel der Masse und in Anwesenheit Hitlers auf den Namen *Wilhelm Gustloff* getauft wird. Der Ich-Erzähler verfolgt auch **Marineskos Biografie** weiter, der etwa in dieser Zeit zum Kommandanten eines U-Bootes aufstieg.

Kapitel 3 (S. 54–76)

Paul weicht den Anforderungen des enttäuschten Jemand weiterhin aus. Der Auftraggeber ist mit dessen „Erinnerungsbrocken“ nicht zufrieden und „verlangt deutliche Erinnerungen“. Paul antwortet, er habe das Bild seiner Mutter „gestochen scharf und doch getrübt“ (S. 54 f.) im Kopf, geht aber nur näher auf Tullas auffällige weiße Haare sowie auf ihre zahlreichen Männerbekanntschaften ein.

Der Erzähler wendet sich wieder der **Geschichte des KdF-Schiffes** zu, das ein besonderes Erlebnis gewesen sein soll. Paul stellt sich vor, wie er sich als Journalist bei der Jungfernfahrt verhalten hätte, und beschreibt dabei die *Gustloff* bis ins Detail hinein. Er gesteht, er wäre „begeistert und zugleich schwitzend vor Feigheit dabeigewesen“ (S. 59).

Anschließend wird eine **Rettungsaktion** der *Gustloff* bei ihrer zweiten Fahrt geschildert, die Schiffbrüchige eines englischen Kohledampfers aufnimmt. Eine der Quellen für Pauls Schilderungen ist das Buch *Die „Gustloff“-Katastrophe. Bericht eines Überlebenden* von Heinz Schön, dem Zahlmeisterassistenten der *Gustloff*. Paul referiert kurz dessen Lebenslauf und würdigt dessen akribische Recherchen zur *Gustloff* und zu ihrem Untergang (vgl. S. 61 f.).

Heinz Schön, Überlebender der Katastrophe und Autor des Buches „Die *Gustloff*-Katastrophe“, und der Schauspieler Kai Wiesinger, der im Film „Die Gustloff“ (2008) den Kapitän des Unglücksschiffes verkörpert, bei den Dreharbeiten.

Der Ich-Erzähler verfolgt auch rechtsradikale Seiten im Internet weiter, auf denen „die Jagd auf Juden eröffnet“ (S. 63) ist und Rache für Gustloff gefordert wird. Auf der weniger radikalen Seite *blutzeuge.de* geht indessen der **Chatroom-Streit** zwischen Wilhelm und David weiter. Paul beginnt wegen einer Äußerung, die ihm bekannt vorkommt, zu ahnen, dass **sein Sohn hinter dem Benutzernamen Wilhelm** steckt.

Paul kommt auf die Norwegenreise seiner Großeltern mit dem KdF-Kreuzfahrtschiff zurück. Tullas Vater lässt sich davon für den Nationalsozialismus einnehmen. In Tulla, die sich im Unterschied dazu weder im Nationalsozialismus noch in der SED „organisieren“ (S. 67) ließ, sehen Paul und seine Exfrau Gabi einen wichtigen Grund für Konrads Entwicklung. Mit dem Computer, den Tulla dem Fünfzehnjährigen geschenkt hat, hat für sie das – hier noch nicht näher benannte – Unglück begonnen.

Menschen, die **auf eine bestimmte Sache fixiert** sind, sind Paul – so gesteht er – nicht geheuer. Dazu zählt er nicht nur seine drei zweifelhaften „Helden“, die „auf einen Punkt starren, bis es kokelt, qualmt, zündelt“ (S. 68): Gustloff mit seiner Ausrichtung auf Hitler, Marinesko mit seiner Konzentration auf das „Schiffeversenken“ und David Frankfurter, dessen Geschichte Paul anhand von Ausführungen zu einem Film von Rolf Lyssy rekapituliert. Auch seinen **Sohn Konrad** rechnet er zu diesen Menschen.

Mit deutlichen Worten entlädt sich Pauls **Hass auf seine Mutter**, der er seine eigene Geburt an dem verfluchten Datum ebenso vorwirft wie die Verführung seines Sohnes Konrad zu rechtem Gedankengut. Doch bevor er zum „Knackpunkt“ seiner „zufälligen Existenz“ (S. 70), seiner Geburt, kommen kann, erlegt er sich auf, die Geschichte der *Gustloff* vor der Unglücksnacht zu Ende zu erzählen. Zunächst weiter als Urlaubsschiff eingesetzt, dient sie bei der Rückverlegung der im Spanischen Bürgerkrieg kämpfenden deutschen Legion Condor ins Dritte

Reich als Truppentransporter. Zur gleichen Zeit befindet sich Frankfurter in Chur in Haft, während Marinesko mit seinem Unterseeboot M 96 für den Ernstfall übt.

Pauls latente Ahnung, dass der Webmaster von *blutzeuge.de* sein Sohn ist, verfestigt sich zur Gewissheit, als dieser von seiner Großmutter erzählt. Es bleibt Paul unerklärlich, wie sein Kind, „halbwegs linksliberal erzogen" (S. 73), in die rechte Szene abwandern kann. Als er seine Exfrau Gabi um Hilfe bittet, blockt sie ab und erklärt Paul, er sei selbst „insgeheim rechtsgewickelt" (S. 75). Als der Vater bei Konrad selbst nachfragt, antwortet dieser, er treibe historische Studien.

Kapitel 4 (S. 77–98)

Zu Beginn des Kapitels erhält der Alte deutliche Züge, die ihn als **Alter Ego** von Günter Grass ausweisen, der seit seiner *Danziger Trilogie* als Experte auf dem Gebiet der Danziger Geschichte der Vor- und Nachkriegszeit gilt: Jeder „Handlungsstrang, der mit der Stadt Danzig verknüpft [...] sei", müsse „seine Sache sein" (S. 77). Er bedauert sein Versagen, dass er den ihm auferlegten Stoff nicht selbst in eine Erzählung umgesetzt hat. Er hält Paul aber für „prädestiniert", das Erzählprojekt zu übernehmen, da dieser während des Schiffsuntergangs geboren wurde. Der Alte, der sein Bedauern darüber ausdrückt, dass hinter *blutzeuge.de* Pauls Sohn steckt, ermuntert Paul, weiter von der *Gustloff* zu berichten: Nach weiteren Norwegenreisen und einem Einsatz als Wohnschiff bei einem großen schwedischen Turnerfest wird sie 1939 bei Beginn des Krieges als Lazarettschiff genutzt.

Nach einem kurzen Seitenblick auf Frankfurter, der weiterhin im Sennhof-Gefängnis einsitzt, und Marinesko, der immer noch den Kampfeinsatz probt, richtet der Erzähler den Fokus wieder auf **Konrad**. Sein Sohn hat lockeren **Kontakt zur rechten Szene** und hält sogar einen deutlich judenfeindlichen Vortrag vor

Neonazis, der aber in seiner Nüchternheit und Langatmigkeit das proletenhafte Publikum langweilt.

Paul berichtet weiter über die *Gustloff*: Ab November 1940 dient sie als **Wohn- und Ausbildungsschiff** der Kriegsmarine. Zu diesem Zweck liegt sie bis 1945 in Gotenhafen fest (vgl. S. 85). In dieser Zeit wird **David Frankfurter** in eine von der deutsch-schweizerischen Grenze weiter entfernte Haftanstalt verlegt und **Marinesko** bekommt ein neues, mit zehn Torpedos bestücktes U-Boot, die S 13, unterstellt.

Wieder auf sein **„privates Unglück"** (S. 88) zurückkommend, gesteht Paul, dass er Konrads Internetbeiträge zunächst verharmlost hat. In diesen tönt für Paul immer wieder das „unbeirrbare Gequassel" (S. 89) seiner Mutter Tulla durch. Diese ist zwar in der DDR mit ihrer Sympathie für die *Gustloff* und ihren faschistischen Namenspatron angeeckt, ist aber trotzdem in ihrer Funktion als Leiterin einer Tischlereibrigade mehrfach ausgezeichnet worden. Zum Gedenken an die beim Untergang gestorbenen Kinder legt sie 1990 einen Strauß Rosen an der Stelle ab, an der einstmals der Namensgeber Wilhelm Gustloff mit einem Grabmal geehrt wurde.

Paul erinnert sich an ein Treffen der *Gustloff*-Überlebenden im Jahr 1995 in Damp, an dem er mit Tulla und Konrad teilgenommen hat. Tulla baut **Konrad** hier **als „Verkünder der Legende"** (S. 95 f.) der *Gustloff* auf, da Paul dieser Aufgabe nicht nachkommt. Wie Konrad bei einem rechtsradikalen Vortrag erlebt der ebenfalls anwesende **Heinz Schön** bei dem Treffen der Überlebenden die Feindseligkeit des Publikums. Dabei ist Schön nur bemüht, vollständig und unvoreingenommen zu informieren, indem er auch die russische Perspektive berücksichtigt, aus der der KdF-Liner ein „Schiff vollbeladen mit Nazis gewesen" (S. 97) ist.

Kapitel 5 (S. 99–122)

Der Alte sieht es als **verantwortungsloses „Versäumnis“** an, dass nicht er selbst oder jemand anderes aus seiner Generation das „Elend der ostpreußischen Flüchtlinge“ (S. 99) beschrieben hat und dass so Rechtsradikalen das Thema überlassen wurde, die es für ihre Zwecke nutzen konnten. Erneut hält der Ich-Erzähler fest, dass aber nicht der Erzählauftrag des Alten, sondern seine Mutter ihn zum Erzählen zwinge. Über die „banale Richtung“, in die sich Tulla in Pauls Erzählung entwickelt, zeigt sich der Alte, der sich eine „Tulla von gleichbleibend diffuser Leuchtkraft“ (S. 99 f.) gewünscht hatte, enttäuscht. Dabei teilt Paul die Einschätzung, dass Tulla „nicht zu fassen“ (S. 100) sei.

Tullas Einfluss auf Konrad ersieht Paul daran, dass jener im Internet von Gräueltaten berichtet, die die russische Armee 1944 in Nemmersdorf an der Zivilbevölkerung begangen haben soll, und diese propagandistisch ausschlachtet. Paul berichtet, wie schon das NS-Regime die dortigen Vorfälle für seine Propaganda nutzen wollte, um den Verteidigungswillen zu stärken – doch bewirkte es das Gegenteil: Die Verachtung für die Russen schlug in Angst vor ihnen um. Es kam zu einer Massenflucht, bei der viele Menschen starben. Ziel der Hunderttausenden von Flüchtlingen waren die Häfen an der **Ostseeküste**, von wo Schiffe, unter anderem auch die *Wilhelm Gustloff*, die Flüchtlinge ins Deutsche Reich übersetzen sollten.

Der Ich-Erzähler schildert Konrads **ideologisierte und falsche Darstellung**: Sein Sohn unterschlägt in seinen Internetberichten, dass außer den Flüchtlingen auch Matrosen der Kriegsmarine, Marinehelferinnen sowie kroatische Kriegsfreiwillige an Bord waren und dass die *Gustloff* mit Waffen nachgerüstet wurde. Keineswegs – so Paul – handelte es sich folglich um ein reines Flüchtlingsschiff. Als **Motiv für Konrads Lügen** vermutet der Ich-Erzähler den „Wunsch nach einem ungetrübten Feindbild“ (S. 104). Um dem manipulativen „Blödsinn“ (S. 105), als den Paul manche Aussagen Konrads im Netz bewertet, etwas entgegenzusetzen, schaltet sich Paul als anonymer Chatter korrigierend ein; Konrad reagiert jedoch nicht auf ihn.

Der Ich-Erzähler zeichnet das **Chaos bei der Einschiffung der Flüchtlinge** auf der *Gustloff* anhand vieler Details nach. Die hochschwangere Tulla und ihre Eltern, die wegen ihrer Erinnerung an die Norwegenreise unbedingt auf die *Gustloff* wollten, gelangen am 30. Januar auf das Schiff, werden aber voneinander getrennt, da Tulla auf die Wöchnerinnenstation kommt. Beim Auslaufen hat die *Gustloff* mehrere Kapitäne an Bord.

Marinesko, der Kapitän der russischen S13, kehrt – so vermerkt Paul – nach längerer Abwesenheit am 3. Januar auf sein Schiff zurück und bricht, nachdem er wegen seiner Abwesenheit und eines Spionageverdachts kurzfristig festgenommen wurde, in Richtung der baltischen Küste auf.

Paul schiebt Überlegungen zu dem **Film „Nacht fiel über Gotenhafen"** ein, der das Schicksal der *Gustloff* zum Thema hat, und stellt fest, dass Details wie die klirrende Kälte, derentwegen Tulla noch vom Schiff hinunterwollte, im Film nicht in gleicher Weise aufgenommen wurden.

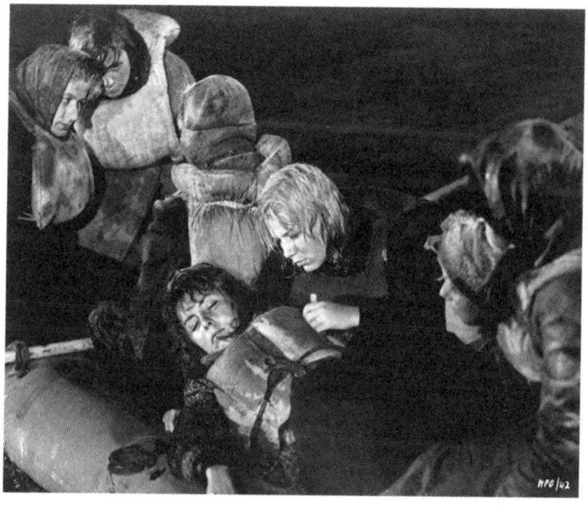

Szene aus dem Film „Nacht fiel über Gotenhafen" (1959) von Frank Wisbar

Erneut vergegenwärtigt sich Paul den 30. Januar als „verdammte[s] Datum“ (S. 116). Von Konrad, der ohne Widerspruch seiner Mutter Gabi zu Tulla gezogen ist, wird das Datum im Internet überhöht. Er sieht darin eine Vorsehung, dass Gustloff „am Tag der künftigen Machtergreifung“ (S. 118) geboren wurde. Hierfür erntet er Hohn von seinem Internetgegner David. Der virtuelle **Streit der beiden Kontrahenten** spitzt sich so sehr zu, dass Paul seine anfängliche Annahme, David sei erfunden, korrigiert (vgl. S. 118).

Die *Gustloff* läuft am Dienstag, den 30. Januar 1945, aus. Während sich vier Kapitäne mit unterschiedlicher Zuständigkeit über die genaue Schiffsroute und die Geschwindigkeit streiten, wobei schließlich die Entscheidung für den Tiefwasserweg getroffen wird, bewegen sich die *Gustloff* und die von Marinesko kommandierte S 13 aufeinander zu. Etwa zeitgleich, so referiert Paul im letzten Absatz, wird das Gnadengesuch Frankfurters, der inzwischen nach Chur zurückverlegt worden ist, abgelehnt.

Kapitel 6 (S. 123–150)

Während für Pauls Auftraggeber dessen Bericht „das Zeug zur Novelle“ (S. 123) hat, besteht Paul darauf, dass er **nur berichte**. Er setzt seinen Bericht mit einem Überblick über die großpolitische Kriegslage zur Zeit des Unglücks fort, in der der „Untergang des Großdeutschen Reiches“ (S. 123) bereits eingeläutet gewesen sei. Der Tag des Unglücks bildet den inhaltlichen Schwerpunkt des Kapitels.

Auf dem überladenen ehemaligen KdF-Liner befanden sich – wie Paul ausgehend von der Betrachtung historischer Fotos festhält – Matrosen der „Kriegsmarine“, „Marinehelferinnen“, „weit über viertausend Säuglinge, Kinder, Jugendliche“ (S. 125 f.), alte Menschen, verwundete Soldaten, kroatische Freiwillige und die Besatzung.

Nachdem **Marinesko** die *Gustloff* nebst Beiboot *Löwe* gesichtet hatte, suchte er sorgfältig eine geeignete Position und gab den Befehl, vier **Torpedos abzufeuern**, wovon drei die *Gustloff* trafen und der vierte im Rohr stecken blieb und entschärft werden musste. Paul beschreibt, wo die abgefeuerten Torpedos das Schiff treffen: Der erste Torpedo schlägt bei den Mannschaftsräumen und der zweite Torpedo, von dem Tulla Pokriefke geweckt wird, unterhalb des Schwimmbads ein, in dem die Marinehelferinnen untergebracht sind. Der letzte Torpedo trifft den Maschinenraum. Das Schiff beginnt zu sinken.

Historisches Foto des Schwimmbads auf der „Gustloff", das mehrfach erwähnt wird.

Im Internet beobachtet Paul, wie sein Sohn gegen die Besatzung der S13 und den Beschuss der *Gustloff* hetzt. Während David widerspricht, erfährt Konrad im Chat Zustimmung aus allen Teilen der Welt. Konrad hebt den Untergang der *Gustloff* als die Schiffskatastrophe mit der größten Opferzahl der Geschichte heraus.

Entgegen der Aufforderung des Auftraggebers, die Schrecken des Untergangs anhand von **Einzelschicksalen** auszumalen, hält sich Paul zurück, da das Geschehen im Schiffsinnern für ihn mit Worten nicht zu fassen ist. Der Ich-Erzähler greift stattdessen auf Frank Wisbars Film *Nacht fiel über Gotenhafen* und auf Berichte von Überlebenden zurück, um das Chaos beim Versuch, das sinkende Schiff zu verlassen, zu verdeutlichen.

Tulla, deren Wehen nach ihrer Auskunft beim letzten Torpedotreffer begannen, dann aber durch eine Spritze des Doktors unterbunden wurden, schaffte es auf eines der Rettungsboote.

Da sein Bericht **keine künstlerische Qualität** erreicht, drängt der Alte Paul zur Kürze. Dieser erzählt, wie seine Mutter vom Rettungsboot aus Menschen von der *Gustloff* herunterspringen und in der See treiben sah und wie sie von dem deutschen Torpedoboot *Löwe* aufgenommen wurde.

Paul unterbricht die Schilderung der Rettung, indem er sich der für ihn **wünschenswerten Vorstellung** hingibt, dass er das namenlose Findelkind, das von einem Vorpostenboot geborgen wurde, gewesen wäre und so ein ganz anderes Leben geführt hätte. Paul wehrt sich dagegen, dass er genau während des Untergangs der *Gustloff* geboren worden sein soll, wie es seine Mutter immer wieder betont. Er setzt dem seine eigene – unbelegbare – Version entgegen, bereits auf der *Gustloff* selbst geboren worden zu sein.

Historisches Foto der „Wilhelm Gustloff"
(BArch, Bild 183-L12207/Augst/CC-BY-SA)

Auf der Seite *blutzeuge.de* werden die Umstände der Katastrophe rekonstruiert, es wird der für David „seit langem überfällige Diskurs" (S. 149) darüber geführt, wie die Torpedierung der *Gustloff* zu beurteilen sei. Paul erschrickt über die Eskalation dieses Diskurses und den **Hass**, der David im Chatroom aus allen Teilen der Welt entgegenschlägt.

Kapitel 7 (S. 151–175)

Sein Auftraggeber erlaubt Paul, seine „windschiefe Existenz zu erklären" (S. 151), die er mitunter auf die Unklarheit, wer sein Vater ist, zurückführt. Seine Vaterlosigkeit und die Zufälligkeit seiner Existenz – er hätte ebenso gut beim Schiffsunglück umkommen können – bringt er mit dem eigenen **Versagen als Vater** in Verbindung. Paul will aber auf „[a]bschließende Beurteilungen“ (S. 151) verzichten.

Der Ich-Erzähler berichtet, dass beim Untergang vor allem Kinder und Frauen starben, die vier Kapitäne aber überlebten. Tulla und er wurden in Kolberg an Land gebracht. Paul schildert die ziellose **Flucht seiner Mutter** mit ihm als Säugling aus dem inzwischen von der russischen Armee eingeschlossenen Kolberg. Sie gelangen nach **Schwerin**.

Paul registriert die neue, auf die Wirkung von Bildern setzende Aufmachung der **Internetseite**. Die virtuelle Auseinandersetzung zwischen Konrad und seinem Chatgegner geht weiter. David vermerkt, dass Frankfurter kurz nach Ende des Krieges freigelassen wurde und nach Palästina auswanderte, und erwägt selbst, wegen des sich intensivierenden Antisemitismus aus Deutschland auszureisen. Wohl in Reaktion auf diese Äußerung schlägt Konrad seinem „Freundfeind David“ ein **Treffen** vor – und zwar an der Stelle, an der der Gustloff-Gedenkstein stand.

Paul erzählt von seinen in letzter Zeit wiederholten Fahrten zu dieser hier nun erstmals als **Tatort** bezeichneten Stelle in Schwerin. Er erinnert sich, dass hier, als seine Mutter und er nach Schwerin gekommen sind, noch ein großer Granit zu Ehren Gustloffs gestanden hat – dies ist für Tulla ein Grund dafür gewesen, in Schwerin zu bleiben, das inzwischen Teil der sowjetischen Besatzungszone geworden war. Das Denkmal ist Anfang der 50er-Jahre beseitigt worden.

Zu dieser Zeit ist Marinesko bereits seit drei Jahren in einem sibirischen Arbeitslager, nachdem er wegen Bestechungsaffären verurteilt worden ist. 1963 verstirbt er und wird erst 1990 mit einer Bronzebüste in Sankt Petersburg geehrt.

Nach einem kurzen Abriss zu Tullas Sympathie für Stalin, Frankfurters Beamtentätigkeit in Israel und zu Hedwig Gustloffs Umzug nach Lübeck knüpft Paul wieder an das im Internet geplante **Treffen zwischen Konrad und dem User David** an: Am 20. April 1997 treffen sich die Internetkontrahenten tatsächlich in Schwerin. Nachdem Konrad seinem Chatpartner Schwerin gezeigt hat, führt er ihn zum Sockel des zerstörten Ehrenmahls Wilhelm Gustloffs. David „entweiht" – so stellt es Konrad später dar – das Denkmal, indem er es bespuckt. Daraufhin **erschießt** Konrad David so, wie vor mehr als 60 Jahren David Frankfurter Wilhelm Gustloff erschossen hat. In Analogie zu Frankfurter stellt er sich der Polizei.

Kapitel 8 (S. 176–198)

Der Alte wirft Paul sein Versagen als Vater vor. Mit dem Prozess gegen Konrad erhält die Geschichte der Vater-Sohn-Beziehung aber eine neue Dimension, derentwegen der Alte Paul als „**verspäteten Vater**" (S. 176) bezeichnet. Paradoxerweise verlangt der Alte aber nicht Aufklärung darüber, wie das Versagen des Vaters mit Konrads Mord zusammenhängt; vielmehr fordert er einen Nachtrag zu Mutters Fuchsfell, den Paul auch liefert: Das Fell begleitet Tulla in allen Phasen ihres Lebens, seit sie es mit sechzehn Jahren von einem Verehrer geschenkt bekommen hat.

Der **Prozess gegen Konrad** findet im Schweriner Landgericht statt. Paul schildert zunächst ausführlich die **Aussagen Tullas**, die als „Zeugin der Verteidigung" (S. 181) ihren angeklagten **Enkel in positivem Licht** darstellt, während er selbst und seine Exfrau schlecht wegkommen. Dabei kommt sie auch auf die von ihr begrüßte Bereitschaft ihres Enkels zu sprechen, mit dem von ihr geschenkten Computer „das ganze Drum und Dran" (S. 181) der *Gustloff*-Katastrophe im Internet zu verbreiten. Die vor Gericht aufgedeckte Tatsache, dass David, der eigentlich Wolfgang Stremplin heißt, kein Jude ist, regt Tulla auf. Für Konrad jedoch ändert dies überhaupt nichts.

Paul bedauert sein und Gabis Versäumnis, angesichts der von den Lehrern verbotenen Referate zur *Gustloff* und zu Hitlers

Machtergreifung nicht früher eingeschritten zu sein. Für Paul waren diese Verbote Auslöser für Konrads Entwicklung. Vor Gericht verteidigen zwei Lehrer die Referatsverbote. Auch die Eltern von Wolfgang alias David machen sich den Vorwurf, nicht mehr an den Sohn herangekommen zu sein, der sich mehr und mehr in die Rolle eines Juden hineingesteigert habe.

Konrad erhält durch den Richter bemerkenswert viel Zeit und Raum, um seine Sicht der Geschichte darzustellen. Sein ausführlicher Vortrag erstreckt sich von der Geburt Gustloffs über Frankfurters Mord bis hin zu seinen Schüssen auf David, wobei er die **Parallelität der beiden Taten** hervorhebt. In Pauls Augen tritt sein Sohn – wie auch Tulla – auf, als heischte er nach dem Beifall eines großen Publikums. Konrad kommt auch auf Marinesko zu sprechen und überrascht seinen Vater. Statt – wie noch im Internet – von „russische[n] Untermenschen“ zu sprechen, räumt Konrad ein, von David gelernt zu haben, dass nicht Marinesko an der Katastrophe schuld sei, da er das „für ihn namenlose Schiff zu Recht als militärisches Objekt gewertet habe“ (S. 191). Den Schuldigen erblickt Konrad vielmehr in Großadmiral Dönitz. Konrads Rede gipfelt in der Forderung, für Gustloff und für Frankfurter ein Denkmal errichten zu lassen. Hier unterbricht der Richter Konrads Redefluss, den Paul als „in sich schlüssigen Irrsinn“ (S. 193) bezeichnet. Gutachtende Psychologen haben vor Gericht die Einschätzung, Konrad habe **Wahnvorstellungen**, bestätigt und sehen entgegen dem Ich-Erzähler, der in Tulla die Schuldige ausmacht, einen großen Teil der Verantwortung beim Vater. Während der Verteidiger die Gutachten nutzen will, um Konrads Tat als nicht vorsätzlich zu werten, besteht Konrad in klaren Worten auf seiner Verantwortung.

Konrad wird wegen Totschlag zu **sieben Jahren Jugendhaft** verurteilt. Dieses Strafmaß beurteilt Paul aus der Sicht des Journalisten als zu gering. Als Vater aber nimmt er es mit Entsetzen auf. Tullas kommentiert, man habe eher sie bestrafen müssen, da sie Konrad den Computer und die Waffe besorgt habe.

Kapitel 9 (S. 199–216)

Schon von Beginn an hat der Alte deutlich gemacht, dass er von seinem Ghostwriter keine Spekulationen über Konrads oder Wolfgangs Innenleben will, da man nicht in die Menschen hineinsehen könne. Stattdessen verlangt der Alte vom Ich-Erzähler, schnell zum Schluss zu kommen. Der Vorgabe folgend, berichtet Paul, dass Konrad sich in der Haftanstalt gut einfügt. Seine Freundin Rosi, die Großmutter Tulla und er selbst besuchen ihn regelmäßig. Konrad gibt Computerkurse, macht sein Abitur im Fernkurs, findet Tischtennisfreunde und legt sich eine „kleine Bildergalerie" u. a. mit Fotos von Marinesko, Frankfurter und Wolfgang Stremplin an. Im Herbst 1998 baut er die *Gustloff* als Modell nach. Den Bausatz hat ihm Tulla geschenkt, die zuvor auf „Heimwehfahrt[]" (S. 205) in Danzig gewesen ist.

Paul sorgt sich um die Zukunft Konrads. Wieder scheitert Pauls Suche nach Rat bei den Angehörigen. Jenny und Tulla stellen lapidar fest, das Festhalten am neonazistischen Gedankengut sei **das Böse, das aus den Menschen herauswolle**. Auch Gabi, die mit ihrem neuen Freund ein neues Leben beginnen will und von der sich Konrad inzwischen losgesagt hat, und Rosi können nicht weiterhelfen.

Für einen Moment glaubt der Ich-Erzähler, die Linie faschistischen Denkens ende doch: Bei seinem nächsten Besuch in der Haftanstalt ist die **Bildergalerie entfernt** und **Konrad zerstört** in seinem Beisein **das Modell** der *Gustloff*. Doch als Paul – auf Aufforderung seines Auftraggebers – im Internet „ein passendes Schlußwort" (S. 216) sucht, stößt er auf die **Website „www.kameradschaft-konrad-pokriefke.de"**, die Konrad als großes Vorbild ehrt. Resigniert stellt er fest: „Das hört nie auf. Nie hört das auf." (S. 216) Mit diesem Satz schließt die Novelle.

Textanalyse und Interpretation

1 Aufbau und Textstruktur

Handlungslinien

Das Geschehen, von dem die Novelle berichtet, erstreckt sich über einen Zeitraum von gut hundert Jahren: von der Geburt Wilhelm Gustloffs am 30. Januar 1895 in Schwerin bis zur Zertrümmerung eines selbstgebauten Schiffsmodells des KdF-Liners *Wilhelm Gustloff* durch Konrad, den Sohn des Ich-Erzählers, vermutlich Ende des Jahres 1998.

Der Inhalt des Erzählten ist **in zwei Handlungslinien** gegliedert, deren thematische Mittelpunkte der Untergang der *Wilhelm Gustloff* bzw. Konrads Mord sind. Beide Linien hängen insofern miteinander zusammen, als die **fehlgeleitete Erinnerung an Wilhelm Gustloff** und die **Torpedierung des Schiffes** mittelbar den **Mord** bedingen.

Legt man die zwei Handlungslinien, die auf die beiden Katastrophen, die Schiffskatastrophe und die private Katastrophe des Mordes, zuführen bzw. diese weiterführen, zugrunde, so ergibt sich folgendes Bild: Im ersten Teil der Novelle, in dem die historischen Biografien und die Geschichte der *Gustloff* erzählt werden, steht vor allem die **historische Handlungslinie** im Mittelpunkt, die im 6. Kapitel im **Untergang** der *Gustloff* ihren **Höhepunkt** findet. Die andere Handlungslinie wird der historischen parallelgeführt und entwickelt ihre Bedeutung als **private Handlungslinie** erst nach und nach: Der Ich-Erzähler erkennt – nach gewissen Vorahnungen – erst im Kapitel 3, dass der Webmaster der rechtsradikalen Internetseite sein Sohn Konrad ist. Diese zweite Handlungslinie ist von einer Eskalation des Internetstreits zwischen dem Webmaster Wilhelm (Konrad) und dem User David (Wolfgang) geprägt und hat ihren **Höhepunkt** im 7. Kapitel in der realen Begegnung der Kontrahenten und dem **Mord an Wolfgang**. Die beiden abschließenden Kapitel widmen sich fast ausschließlich der privaten Handlungslinie, die aber auch insofern eine öffentlich-politische Bedeutung erhält, als Pauls Tat vor Gericht verhandelt wird und auf das Fortleben rechtsradikalen Gedankenguts in der Gesellschaft verweist. Wie schon in Kapitel 7 beziehen sich in Kapitel 8 und 9 auch die referierten Arbeitsgespräche zwischen dem Alten und Paul nicht mehr direkt auf das Erzählen des Erinnerten, sondern auf die Frage nach dem Motiv für Konrads Tat. Der **Prozess gegen Konrad** ist der inhaltliche Kern des 8. Kapitels, seine Haftzeit nach der Verurteilung der des 9. Kapitels.

Sowohl chronologisch als auch kausal sind diese Handlungslinien über die Figuren Paul und Tulla miteinander verknüpft: Sie füllen die historische Lücke zwischen dem fiktionalisierten historischen Geschehen rund um die *Gustloff* und dem gegenwärtigen Geschehen um Konrad. Die **kausale Verbindung** ergibt sich aus **Tullas unbedingtem Willen**, dass von der **Schiffskatastrophe Zeugnis** abgelegt werde – sie wählt hierfür Konrad aus, da Paul sich dem Erzählen immer verweigert hat.

Eine motivische Verknüpfung dieser Handlungslinien erfolgt z. B. über die Arbeitsgespräche mit dem Alten: Das Versagen Pauls, sein „Zu spät“ als Vater (vgl. Beginn der Kapitel 8) ist als Parallele zum „Zu spät“ des Alten zu deuten, dessen Versagen darin besteht, die Katastrophe der *Gustloff* nicht erzählt zu haben (vgl. Beginn von Kapitel 5).

Kapitelübersicht:
Die zwei Handlungslinien der Novelle und ihre Höhepunkte

Private Handlungslinie	Kap.	Historische Handlungslinie
Entdeckung der Website „blutzeuge.de“	1	Beginn der Lebensläufe von Gustloff, Marinesko und Frankfurter; Frankfurters Mord an Gustloff
Beginn des Internetstreits zwischen Webmaster Wilhelm und User David 	2	Fortsetzung der Lebensläufe von Frankfurter und Marinesko; Beginn der Geschichte der „Gustloff“: Bau und Taufe
Fortsetzung des Internetstreits und Pauls Erkenntnis, dass der Webmaster sein Sohn Konrad ist	3	Fortsetzung der Geschichte der „Gustloff“: vor allem Einsatz als Urlaubsschiff (Fortsetzung der Lebensläufe von Marinesko und Frankfurter)
Konrads Vortrag vor Rechtsradikalen; Paul, Tulla, Konrad beim Treffen der Überlebenden (Damp): Konrad soll für Tulla Zeugnis ablegen von Katastrophe	4	Fortsetzung der Geschichte des Schiffs: Lazarettschiff und Ausbildungsschiff (Fortsetzung der Lebensläufe von Marinesko und Frankfurter)
Konrads Geschichtsfälschungen auf seiner Website „blutzeuge.de“; Eskalation der Auseinandersetzung zwischen Webmaster Konrad und User David	5	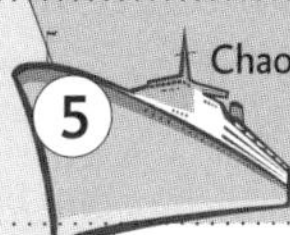 Chaos bei Einschiffung auf der „Gustloff“; Auslaufen des Schiffes
Internet-Hetze gegen Juden; User David: Beurteilung der „Gustloff“-Torpedierung überfällig; Hass gegen David	6	**Höhepunkt der historischen Handlungslinie: Untergang der „Gustloff“**
Höhepunkt der privaten Handlungslinie: Konrads Mord an Wolfgang Stremplin alias User David	7	(Tullas weitere Flucht)
Prozess gegen Konrad; Tulla als „Zeugin der Verteidigung“; Gabis und Pauls Gespräche mit den Eltern des Opfers; Verurteilung Konrads 	8	(Historie steht nur noch im Hintergrund)
Konrads Einleben in die Jugendhaft; Bau und Zerstörung des „Gustloff“-Modells; Entdecken der Seite „www.kameradschaft-konrad-pokriefke.de“	9	

„Erzählen im Krebsgang“ – Chronologische Ordnung

Als das Bedeutung erzeugende Erzählmuster stellt sich im Verlauf der Novelle das titelgebende „Erzählen im Krebsgang“ heraus, das der Ich-Erzähler als Erzählmöglichkeit erwägt:

> *Aber noch weiß ich nicht, ob, wie gelernt, erst das eine, dann das andere und danach dieser oder jener Lebenslauf abgespult werden soll oder ob ich der Zeit eher schrägläufig in die Quere kommen muß, etwa nach Art der Krebse, die den Rückwärtsgang seitlich ausscherend vortäuschen, doch ziemlich schnell vorankommen.* (S. 8 f.)

Das „Erzählen im Krebsgang“ schlägt sich im Text in einem **komplexen Nebeneinander** von Perspektiven, Motiven, Daten und v. a. persönlichen Schicksalen nieder. Die persönlichen Schicksale stammen teils aus den historischen Biografien, teils aus der Familiengeschichte der (fiktiven) Pokriefkes. Es durchdringen sich u. a. historische Berichte, Kommentare, Darstellungen der Entdeckungen im Internet, Schilderungen der eigenen (fiktiven) Biografie Pauls und Hinweise auf die Gespräche mit dem Alten.

Das Erzählen „im Krebsgang“ am Beispiel des 1. Kapitels

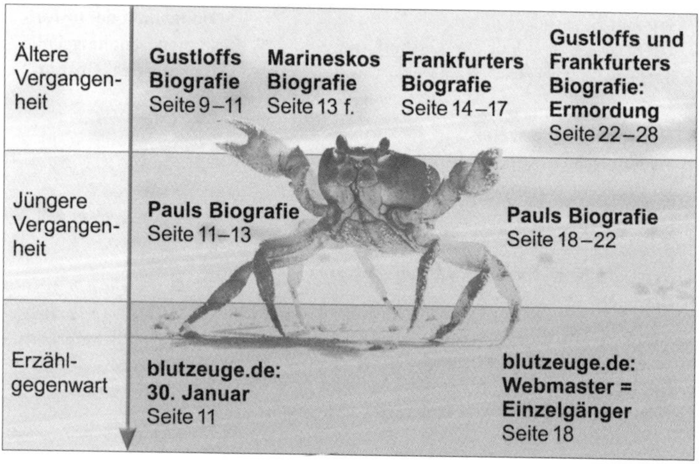

Die Novelle ist so angelegt, dass sie um zwei Katastrophen kreist, die die **Brennpunkte einer Ellipse** ausmachen und sich an der Linie der Versagerexistenz Pauls spiegeln (vgl. S. 34 dieser Interpretationshilfe). Zwar liegt zwischen den beiden Katastrophen ein Abstand von gut fünfzig Jahren, jedoch ist es Absicht der Erzählweise im Krebsgang, diesen Abstand auszublenden.

Ein Mittel, den Abstand von zum Teil über hundert Jahren auszublenden, ist es, fiktive Ereignisse auf den Tag im Jahreskalender zu legen, an dem historische Ereignisse stattfanden. So wird das historisch faktische Geschehen am 30. Januar (Gustloffs Geburt, Hitlers Machtergreifung, Untergang der *Gustloff*) und am 20. April (Hitlers Geburt) mit dem fiktiven Geschehen von Pauls Geburt (30. Januar) und Konrads Mord (20. April) verbunden.

Faktum	Fiktion
20. 4. 1889: Geburt Adolf Hitlers	20. 4. 1997: Konrad erschießt Wolfgang am Gustloff-Denkmal
30. 1. 1895: Geburt Wilhelm Gustloffs 30. 1. 1933: Machtergreifung Hitlers 30. 1. 1945: Torpedierung/Untergang der „Gustloff“	30. 1. 1945: Geburt Paul Pokriefkes auf der „Gustloff“ – Pauls Sicht: „verfluchtes Datum“

Dass die Novelle *Im Krebsgang* nach ihrem Erzählmuster betitelt ist, deutet auf die Wichtigkeit der Erzählweise hin. Ein planvolles In-die-Quere-Kommen verhindert das bloße Abspulen eines Erzählfadens und verwandelt das Nacheinander der Ereignisse in ein Nebeneinander. Diese Erzählweise erschwert es, die Ereignisse in einen kausalen Zusammenhang zu bringen. Die Eindeutigkeit des Denkmusters „weil A geschehen ist, musste B folgen“ wird so aufgebrochen. Das „Erzählen im Krebsgang“ ist Grass’ künstlerisches Mittel, um Vereindeutigungen zu vermeiden, indem sich die Handlung in mehreren Erzählebenen und Figuren bricht. Der dadurch entstehende Eindruck von Unübersichtlichkeit ist beabsichtigt. Ordnung bringt der Autor durch die Chronologie der Ereignisse in den Text, Bedeutung aber erzeugen das Nebeneinander der Erzählbrocken und die Spiegelungen, die sich ausgehend von den Daten ergeben (vgl. hierzu auch das Kapitel „Zentrale Themen und Motive“).

Die zunächst verwirrende Struktur des Textes wird verständlicher, wenn die textimmanenten Bezüge von den textübergreifenden Verweisen getrennt betrachtet werden. Die textimmanenten Bezüge entspringen größtenteils den Recherchen des Ich-Erzählers, während sich die textübergreifenden Verweise aus seiner Familiengeschichte und der Figur des Alten, des Alter Ego von Grass, ergeben. Dem Leser wird es durch diese textübergreifenden Verweise nahegelegt, das Erzählen des Erzählens zu bedenken, den Hintergrund der *Danziger Trilogie* als fiktionales Panorama mit weltanschaulicher Bedeutung zu berücksichtigen und den Gegenwartsbezug zum Rechtsextremismus herzustellen.

Textstrukturen von „Im Krebsgang“

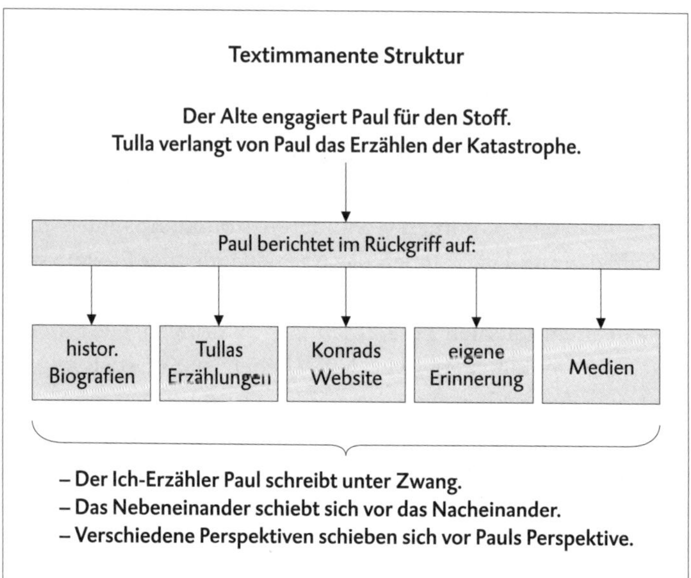

Textübergreifende Struktur

Figur des Alten	→ Metanarration & Metafiktion als Verweis auf postmoderne Bedingungen des Erzählens (vgl. Kap. 2 der Interpretationshilfe)
Figur Tulla	→ intertextuelle Verweise auf Grass' Danziger Trilogie (vgl. Kap. 3 der Interpretationshilfe)
Figur Konrad	→ Gegenwartsbezug zur rechtsextremen Szene (vgl. Kap. 3 der Interpretationshilfe)

Die thematischen Kreise der Schiffskatastrophe und der Privatkatastrophe

Mittelpunkt der Novelle ist die **Geburt Pauls**, der den Untergang der *Wilhelm Gustloff* im Unterschied zu den vielen Tausend Säuglingen, Kindern und Jugendlichen überlebt. Üblicherweise kündigen in der Literatur besondere Umstände der Geburt einen besonderen Lebenslauf an. Aus Paul wird aber kein positiver Held. Die Novelle ist vielmehr so gestaltet, dass sich die Besonderheit Pauls ins Gewöhnliche, geradezu ins **Versagertum** verkehrt. Der Autor setzt Pauls Ungenügen in Handlung um, indem er die elliptisch angeordneten Katastrophen (Schiffsuntergang und Mord) an der Achse der Existenz Pauls spiegelt und über Motive verklammert (vgl. dazu auch das Kapitel „Zentrale Themen und Motive“ in dieser Interpretationshilfe). Ihre Komplexität erhalten die Katastrophen durch die verschiedenen Perspektiven, die der Autor zu Wort kommen lässt. Hierbei gehen Fakten und Fiktion ineinander über. **Das Nebeneinander überlagert das Nacheinander der Ereignisse.** Es wird berichtet und erzählt. Historische Biografie wird mit Familiengeschichte verknüpft und kontrastiert.

Handlungskreise von „Im Krebsgang“

Zwei Handlungskreise sind spiegelbildlich um die Zentralachse von Pauls Herkunft und seinem Versagertum angeordnet:

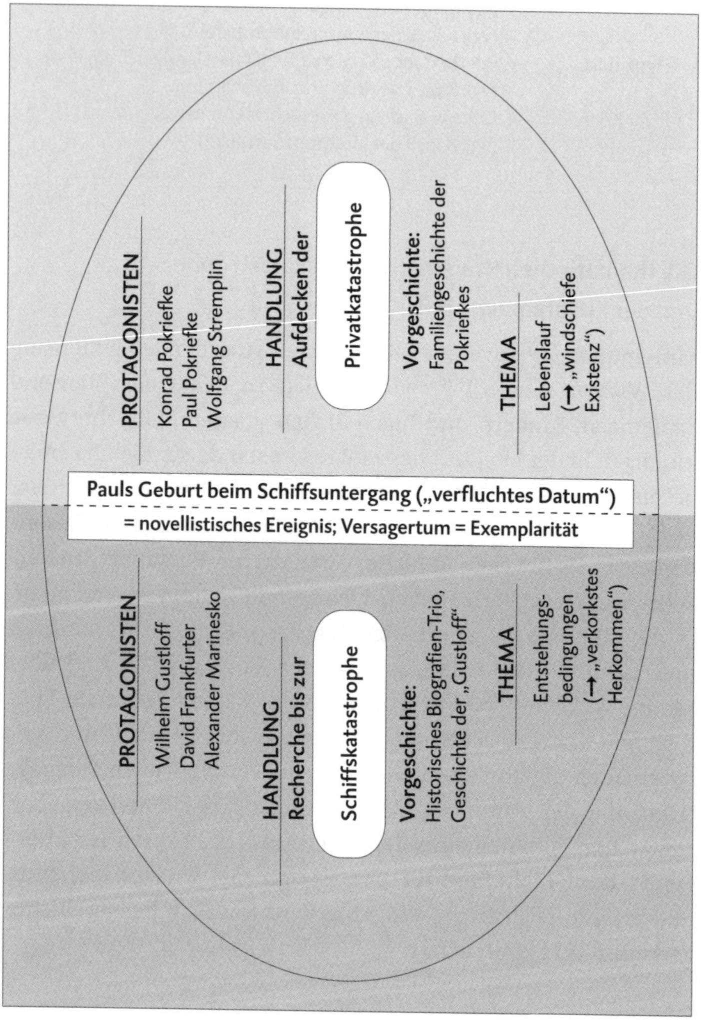

2 Das Erzählen erzählen – Metanarration und Metafiktion

„Warum erst jetzt?“ Mit dieser Leitfrage beginnt die Novelle. Sie stellt die Frage nach dem Grund dafür, dass Paul sich lange geweigert hat, die Geschichte der *Gustloff* zu erzählen. In ihr enthalten ist die Frage nach der richtigen Art, Erinnerung zu erzählen. Da diese Frage in Form einer Erzählung erörtert wird, liegt über der Erzählung des Geschehens um die *Gustloff* und den Mord eine **Erzählung über das Erzählen**. Diese Erzählung mit dem Thema, wie das erinnernde Erzählen organisiert werden soll, nennt man **Metaerzählung**. In *Im Krebsgang* schafft Grass eine Konstruktion, die die Metaerzählung motiviert: Ein „leergeschrieben[er]“ (S. 30) Dozent beauftragt einen ehemaligen Studenten, das zu Erinnernde zu erzählen. Die Weigerung des Ghostwriters, seine Erzählschwierigkeiten und seine Erzählweise sind Anlass für Gespräche zwischen Auftraggeber und Ghostwriter, in denen über die Art, wie zu erzählen sei, diskutiert wird. Die **metanarrative Ordnung**, die sich aus der Gleichzeitigkeit des Erzählens und der Reflexion des Erzählens in den Arbeitsgesprächen ergibt, ist deshalb stark an die Figur Paul und an die Figur des Alten gebunden.

Die erzählende Instanz heißt Paul Pokriefke. Der Alte – so sagt er – hat den Ich-Erzähler „zwar nicht erfunden, aber nach langer Sucherei auf den Listen der Überlebenden wie eine Fundsache gefunden“ (S. 78). Paul ist aber dennoch zweifellos eine rein fiktive Figur. Paul legt gegenüber der Instanz des „Alten“ Rechenschaft ab. Dieser Alte zeigt Züge von Günter Grass und lässt sich als literarisches Alter Ego des Autors verstehen (vgl. hierzu die Charakterisierung der Figur, S. 48 f. in dieser Interpretationshilfe). Das Auftreten des realen Autors in seinem eigenen Werk ist ein typisches Mittel, einem Text auch eine **metafiktionale Dimension** zu verleihen. Metafiktionale Texte machen den fiktionalen Charakter des Textes bewusst, anstatt so zu tun, als handele es sich um Realität. Dies ist in Grass' Novelle deshalb so interessant, weil es ja durchaus um reale Geschichte geht. Die metafiktionale Dimension wird durch den Hinweis unterstrichen, dass der Alte selbst unter dem Einfluss Ursula (Tulla) Pokriefkes steht, die eine rein fiktive Figur ist (vgl. S. 99).

Die metafiktionale Konstruktion ist mehr als eine Spielerei. Denn mit ihr ist die Frage nach der **Grenze zwischen Fiktion und Realität** gestellt – eine Frage, die auch in der Novellenhandlung immer wieder durchscheint: Denn die fantasierte Natur einiger berichteter Ereignisse wird immer wieder bewusst thematisiert. Dies erzeugt im Leser das Unbehagen an der Uneindeutigkeit von Realität und Fantasie. Ein besonderes Beispiel ist die Erzählung von Pauls Geburt auf der *Löwe*. Der Realitätsgehalt von Tullas Darstellung wird von Paul immer wieder in Zweifel gezogen. Ihre Tendenz zur Legendenbildung wird beispielsweise auch an ihrer festen Überzeugung deutlich, dass ihre Haare beim Untergang der *Gustloff* auf einen Schlag weiß geworden seien. Und Konrad versucht die Fiktion aufrechtzuerhalten, dass die *Gustloff* ein reines Flüchtlingsschiff gewesen sei. Dass die *Gustloff* unterging, ist unbestritten; umstritten ist, was daraus zu lernen, ob daraus zu lernen, wie das Ereignis zu bewerten ist – in einem Satz: wie die Katastrophe erinnernd zu erzählen ist.

Die **metanarrative und die metafiktionale Struktur** weisen *Im Krebsgang* als **postmodernen Text** aus. Das heißt, der Autor macht die Grenzen des Erzählens zum Erzählgegenstand, ohne dabei auf die Funktion des Erzählens, Wirklichkeit abzubilden, zu verzichten, wodurch die Grenzen zwischen Fakten und Fiktion beständig verwischen.

3 Charakterisierung und Konstellation der Figuren

In der Novelle treten historisch verbürgte Personen/Persönlichkeiten der Vergangenheit und Gegenwart als Figuren auf. Sie garantieren die Verankerung der Novelle in der Wirklichkeit: Wilhelm Gustloff und seine Frau Hedwig, David Frankfurter, Alexander Marinesko, Robert Ley, Heinz Schön – und als emotional extrem wirkungsvolles Motiv „die Kinder".

Gustloff, Frankfurter und Marinesko bilden das **Trio historisch verbürgter Persönlichkeiten**, die der Autor um die Versenkung der *Gustloff* gruppiert. Ihre Biografien werden **chronologisch geordnet** berichtet. Einzelne Motive aus den Lebensläufen werden benutzt, um die faktisch vorliegenden Biografien mit fiktiven Lebensläufen zu verzahnen: das Motiv der vier Schüsse oder das Motiv des 30. Januar. Als eigene Erzählerstimmen kommen die historischen Figuren nicht zum Einsatz. Kommen Persönlichkeiten der Geschichte in literarischen Werken vor, so handelt es sich dennoch um literarische Figuren – daher muss man mit diesen bei der Interpretation so umgehen, wie man auch mit anderen, rein fiktionalen Figuren umgeht.

Ihnen gegenüber stehen die Vertreter der **drei Generationen der fiktiven Familie Pokriefke**, die mit der realen Schiffskatastrophe verknüpft werden: Ursula (Tulla), Paul als **Ich-Erzähler** und Konrad Pokriefke. **Tulla** wird einiger Raum zum Erzählen zugestanden; ihre Zeitzeugenberichte werden nicht korrigiert, teilweise aber kritisch kommentiert. Außerdem kommt **Konrad** ausführlich zu Wort, teils in Zitaten aus seiner Internetseite, teils in Ausschnitten seiner Auftritte bei Gericht. **Der Alte** (Jemand) ist ein Mischwesen aus faktischen und fiktiven Anteilen und hat daher eine **Sonderstellung** inne. Eine weitere wichtige fiktive Figur ist **Wolfgang (David) Stremplin**. Dessen Eltern, Gabriele (Gabi), Rosi und Jenny Brunies gehören zu den weniger wichtigen Nebenfiguren.

Wilhelm Gustloff

Historisches Bild von Wilhelm Gustloff

Wilhelm Gustloff wird am 30. 1. 1895 in Schwerin (Mecklenburg) geboren und absolviert nach der Mittleren Reife eine Banklehre. 1917 geht er in die Schweiz, wo er ein Lungenleiden kuriert. Zunächst arbeitet er in einem Observatorium. Er tritt in die NSDAP ein und wird zum „Landesgruppenleiter Schweiz der NSDAP" ernannt. In dieser Funktion organisiert er Propaganda-Veranstaltungen und wirbt Parteimitglieder. Nach seiner Ermordung durch den jüdischen Medizinstudenten David Frankfurter am 4. Februar 1936 in seiner Davoser Privatwohnung wird er durch die Nationalsozialisten zum „Blutzeugen der Bewegung" aufgebaut. 1938 wird in Hamburg durch die Witwe Gustloffs im Beisein Hitlers ein neu gebauter KdF-Dampfer auf seinen Namen getauft.

Grass schildert Gustloff als einen **umtriebigen, intellektuell mittelmäßig begabten Charakter**, der jedoch beim Aufbau der Schweizer Ortsgruppe der NSDAP einiges organisatorisches und psychologisches Talent an den Tag legt, wenn es darum geht, Druck auf mögliche Anhänger aufzubauen. Darüber, ob sich Gustloff eher Hitler oder eher Georg Strasser verpflichtet fühlte, wird im Internet gestritten (vgl. S. 10 f.).

David Frankfurter

David Frankfurter wird 1909 in Daruvar (Serbien) als Sohn eines Rabbiners geboren. Seit der Geburt an chronischer Knochenentzündung leidend, beginnt er 1929 ein Medizinstudium. Ab 1933 erlebt er in Deutschland verstärkt Ausschreitungen gegen sich selbst und andere Juden und setzt sein Studium

Historisches Bild von D. Frankfurter (Bundesarchiv, Bild 146-2009-0188-500. Foto: o. Ang. I 1936)

deshalb in Bern fort. Depressionen in Verbindung mit seiner Erkrankung und dem Antisemitismus lassen Frankfurter an Selbstmord denken. Am 4. Februar 1939 sucht er Gustloff in Davos auf, wo er ihn mit vier Revolverschüssen tötet. Er stellt sich der Polizei, bekennt sich zur Tat und wird zu 18 Jahren Zuchthaus verurteilt. 1945 begnadigt, reist er nach Palästina aus, wird nach der Gründung des Staates Israel Beamter im Verteidigungsministerium und stirbt 1984.

Frankfurter erscheint in der Novelle als eine **seltsam zwiegespaltene Figur**. Einerseits sensibel und gebildet, andererseits etwas schwächlich und ein umhegtes Sorgenkind, das nicht recht weiß, wie es seine Zukunft gestalten soll, bringt Frankfurter dann doch die Entschlossenheit für den Mord an Gustloff auf. Zudem offenbart Frankfurter beim Geständnis des Mordes seine Zugehörigkeit zum Judentum, das vor der Verfolgung durch die Nationalsozialisten in Frankfurters Selbstbild noch eine untergeordnete Rolle spielte.

Alexander Marinesko

1913 in Odessa geboren, erlebt Marinesko das Vielvölkergemisch dieser Handelsstadt. Er heuert als Schiffsmaat bei der Handelsmarine an und wechselt dann zur Kriegsmarine. Zum U-Boot-Fahrer ausgebildet, erhält er in der Stalin-Ära das Kommando über ein U-Boot. Alkoholexzesse, Prügeleien und Bordellbesuche machen ihn bei den Vorgesetzten unbeliebt. Dennoch erhält Marinesko eine Gelegenheit zur Bewährung, als ihm das Kommando über das U-Boot S 13 in der Ostsee übertragen wird, das am 30. Januar 1945 die *Wilhelm Gustloff* mit drei Torpedotreffern versenkt. Trotz weiterer „Erfolge“ – er hält den Rekord über die größte während einer einzigen Feindfahrt versenkte Tonnage – wird er nach Kriegsende degradiert und aus der Armee entlassen. Wegen weiterer angeblicher Vergehen wird er Anfang der 1950er-Jahre zu 18 Monaten Arbeitslager in Sibirien verurteilt und stirbt 1963 an Krebs. Postum zum „Helden der Sowjetunion“ ernannt, erhält Marinesko 1990 ein Denkmal in Leningrad (heute Sankt Petersburg).

Denkmal in Sankt Petersburg am Grab von Alexander Marinesko

Marinesko ist eine **labile Persönlichkeit**. Trunksucht und Vielweiberei gehören ebenso zu ihm wie – sobald er im Dienst ist – seine Charaktereigenschaften Zielstrebigkeit, Ehrgeiz und Disziplin. Grass lässt ihn aber nicht wie einen Offizier erscheinen, der sich an schutzlosen Flüchtlingen für die Verbrechen der Deutschen in Russland rächt. Vielmehr schildert er den russischen U-Boot-Kommandanten als einen entschlossenen und mutigen Soldaten und Vorgesetzten, der mit Umsicht und Glück eine Chance nutzt, auf die er sich – nicht zuletzt, weil er sich bei seinen Landgängen unbeliebt gemacht hat – mit Ausdauer vorbereitet hat.

Ursula Pokriefke

Ursula Pokriefke ist die Mutter des Ich-Erzählers Paul. Ursprünglich als Schwester der Hauptfigur Oskar Matzerath aus der *Blechtrommel* konzipiert, wird sie zur Figur in *Katz und Maus* und *Hundejahre*. Geboren wird sie am 11. Juni 1927 in Danzig-

Langfuhr. Ihr Vater ist Hilfsarbeiter in der Tischlerei ihres Onkels Liebenau, mit dessen Sohn sie eines ihrer vielen Verhältnisse zu Männern hat und der auch als Vater des Ich-Erzählers in Frage kommt. Diese „unsittlichen" Beziehungen führen zur Entlassung aus der Schule. Ihr jüngerer Bruder Konrad, nach dem der Enkel benannt ist, stirbt früh bei einem Badeunglück. Mit 16 Jahren zum ersten Mal schwanger, treibt sie durch Sprünge von der Straßenbahn ab. Neben ihrer **ausgeprägten Sinnlichkeit** bei gleichzeitig eher kleinem und dürrem Wuchs hat sie einen **bösartigen Wesenszug**, der sie z. B. im Roman *Hundejahre* veranlasst, einen Studienrat durch Denunziation ins Konzentrationslager zu bringen (vgl. S. 211). Obwohl sie ungepflegt wirkt und beständig nach Tischlerleim riecht, hat sie in der Novelle *Katz und Maus* eine feenhaft erotische Ausstrahlung auf die an ihrer Seite heranwachsenden Jungs, mit denen sie nach einem Schiffswrack in der Ostsee taucht. Sie glaubt, in dem Schiff einen toten Matrosen gesehen zu haben, und verspricht dem Jungen, der die Leiche birgt, als Belohnung, dass er „mal dürfe". **Antisemitische Züge** werden bereits im Roman *Hundejahre*, noch mehr aber in der Novelle *Im Krebsgang* in teils latenten, teils offen judenfeindlichen Äußerungen deutlich. So verwendet Tulla z. B. die antisemitische Bezeichnung „Itzig" für einen Juden (vgl. S. 106; auch schon in *Hundejahre*). Mit sechzehn Jahren ist sie Straßenbahnschaffnerin in Danzig, flieht dann mit der *Gustloff*, wo ihre Eltern bei der Katastrophe untergehen. In der Unglücksnacht bringt sie Paul zur Welt. Nach der Flucht als „Umsiedlerin" in Schwerin sesshaft, wo sie, seit 1953 Mitglied der SED, eine Tischlereibrigade leitet, wird sie mehrfach als „Aktivistin" ausgezeichnet. Ihrem Enkel Konrad, der zu ihr nach Schwerin zieht, schenkt sie einen Computer und eine Waffe (vgl. S. 198). Nach dem Mord durch ihren Enkel erinnert sie sich ihrer katholischen Erziehung und verehrt neben Stalin nun auch Maria.

Für den Erzähler ist Tulla von **doppelter Bedeutung**: Da sie die Schiffskatastrophe überlebt hat, ist sie erstens die Gewährsfrau und zugleich Erzählmittelpunkt, denn ihr Erleben der Umstände macht aus den Daten „emotionale Fakten". Zweitens wirft ihr der Erzähler seine ungeordnete und als zufällig erlebte Existenz vor. Sie kann ihm keinen Vater nennen; und sie wirft ihm Versagen vor, weil er ihre große Erwartung, Chronist der Katastrophennacht zu werden, nicht erfüllt.

Paul Pokriefke charakterisiert seine Mutter als „Ewiggestrige" (S. 50), wodurch er ausdrückt, dass sie ihre **Weltanschauung** nicht den geänderten Umständen anpasst, sie nicht kritisch hinterfragt und daher **nicht entwickelt**. Sie verabsolutiert in dieser Haltung befangen ihre Opferrolle. In hohem Grade „nicht zu fassen" (S. 100), passt sie dagegen ihr Verhalten den Gegebenheiten überraschend schnell an, was sie zu einer **Überlebenskünstlerin** macht. „Unfaßbar" (S. 40) ist auch ihre **politische Haltung**: Eine „erklärte Antifaschistin" zu sein, passt kaum zu ihrer Begeisterung für Wilhelm Gustloff (vgl. S. 40). Dabei scheint sie aber durchaus Prinzipien zu haben. So widersetzt sie sich der politischen Vereinnahmung – sie ist, wie der Ich-Erzähler bemerkt, „nicht auf Linie zu bringen" (S. 100).

Ihrem Sohn gegenüber verhält sie sich so lange loyal, wie er ihr „Hoffnungsträger" (S. 100) ist. Sie unterstützt seine Flucht in den Westen und hält auch dem dadurch auf sie entstandenen Druck der Staatssicherheit stand. Doch als Paul ihren Erwartungen nicht gerecht wird, wendet sie ihre Aufmerksamkeit ihrem **Enkel Konrad** zu.

Tullas Eltern waren Nazis. Aufgrund der überwältigenden Ferienerinnerungen an Kreuzfahrten auf der *Gustloff* entsteht eine Fixierung auf den KdF-Liner: „Alles andere zählte nicht." (S. 157) Über die Begeisterung von Tullas Eltern und Tulla selbst für die *Gustloff* macht Grass nachvollziehbar, wie Sympathien für den Nationalsozialismus geweckt wurden. Tullas **positive**

Erinnerungen an die KdF-Erlebnisse sind echt und wirken daher gewinnend auf den jungen Konrad. So kann Tulla ihn auch dazu bewegen, die Geschichte der *Gustloff* auf seiner Website ausführlich zu thematisieren. Die familiäre Verklärung, kritiklose Legendenbildung, die Idealisierung der „klassenlosen Gesellschaft“ und persönliche Sympathie machen Konrad für nationalsozialistisches Gedankengut empfänglich. Symbolfigur für diese Art der Weitergabe nationalsozialistischen Gedankenguts ist Tulla Pokriefke. Eine typische Geste ist die Niederlegung des Blumenstraußes am Ort des Gustloff-Denkmals (vgl. S. 91). Verhängnisvolle Geschenke an den Nazismus-Erben sind der Computer für die propagandistische Nutzung des Internets und die Pistole zur Anwendung von Gewalt.

Paul Pokriefke

Die flexible Lebenstüchtigkeit der Mutter hat sich als **Haltlosigkeit** an ihren Sohn vererbt, den sie deshalb einen „Schlappjä“ nennt, auch seine Frau Gabriele, genannt Gabi, bezeichnet ihn als Versager.

Am 30. Januar 1945 auf der *Gustloff* oder dem Beiboot *Löwe* geboren, kommt seiner Existenz nach Auffassung des Alten und Tullas eine besondere historische Bedeutung zu. Aufgrund seines **mittelmäßigen persönlichen Formates** meint er dieser aber nicht nachkommen zu können. Nach seiner Kindheit und frühen Jugend bei seiner Mutter Tulla in Schwerin geht er Anfang der 60er-Jahre nach West-Berlin, wo er bei Tullas Schulfreundin Jenny Brunies wohnt. Nach dem Abitur und dem abgebrochenen Studium der Germanistik und Publizistik jobbt er als Pressevolontär, schreibt für die konservative Springer-Presse, dann für die linke „taz“. Den mangelnden Erfolg schreibt Gabi der **mangelnden moralischen Haltung und politischen Überzeugung** Pauls zu (vgl. S. 42 f.). Von seiner Lebenspartnerin Gabi ungewollt zum Vater gemacht, heiratet er sie, lässt sich aber nach sieben Jahren scheiden. Der gemeinsame Sohn Konrad bleibt bei der Mutter, die Paul die Wohnung in Berlin überlässt und mit Konrad nach Mölln zieht, wo sie als Gymnasiallehrerin arbeitet. Pauls Anstrengungen, als Journalist oder Sachbuchautor zu reüssieren, bleiben weiterhin ohne Erfolg. Vom Alten beauftragt, recherchiert er zur *Gustloff* und ihrer Vorgeschichte und stößt dabei auf die Internetseite *blutzeuge.de*, für die sein Sohn verantwortlich ist. Nach dessen Mord an Wolfgang versucht Paul, eine vertrauensvolle Beziehung zu Konrad aufzubauen.

Paul **sieht sich selbst kritisch** und **schätzt sich und seine Fähigkeiten realistisch** ein. Er bringt darüber hinaus jedoch kaum Qualitäten mit, die ihn zu einem Sympathieträger machen würden. Als die Beziehung zu seiner Frau in die Brüche geht, kämpft er nicht um sie. Die Beziehung zu seinem Sohn lässt er mehr oder minder im Sande verlaufen, ohne einen überzeugenden Grund dafür angeben zu können. Weder vertritt Paul gesellschaftlich relevante Ideale noch geht er neue persönlich befriedigende Beziehungen ein. Er ist **kein stabiler Charakter** mit einer festen erfüllenden Identität und einer sinnstiftenden gesellschaftlichen Rolle. Diese Haltlosigkeit und seltsame Ermüdung des Charakters verlangt nach Erklärungen. Über sich selbst sagt Paul, er kenne seine Abgründe und es koste Kraft, diese abgedeckelt zu halten. Gabi benennt diese Abgründe: Paul sei „insgeheim rechtsgewickelt" (S. 75). Es braucht nach Pauls Aussage viel Kraft, gegen diese innere Tendenz anzukämpfen und sich neutral zu geben (vgl. S. 75). Die Zähigkeit und die intellektuelle Unbestechlichkeit, mit denen er gegen Konrad recherchiert und die Legenden seiner Mutter als Lügen entlarven will, können vor dem Hintergrund der **untergründigen Sympathie für rechtes Gedankengut** als der Versuch verstanden werden, diese Tendenz abzuwehren. Insofern prägt die Frage, wie mit der nationalsozialistischen Vergangenheit umzugehen sei, Pauls Leben sehr stark.

Zu Pauls Entlastung erzählt Grass aber auch, dass Paul das einzige Mitglied in der Familie Pokriefke ist, das sich überhaupt kritisch mit der NS-Vergangenheit der Familie – und das bedeutet: mit der Prägung in Charakter und Biografie über Generationen hinweg – auseinandersetzt. Diese Übernahme von Verantwortung wird von Grass als undankbare Aufgabe geschildert.

In seinem Sohn, näherhin im Verbrechen seines Sohnes sieht sich Paul mit dem Scheitern seines Versuches, Vergangenheit und ihre Belastung durch **politische Korrektheit** zu bewältigen, konfrontiert. Er gibt zu, dass Konrad auslebt, was er, der Vater, denkt (vgl. S. 210). Insgeheim ist also Paul für Konrads Mord mitverantwortlich, da er mit aller Selbstdisziplin, die ihm zu Gebote stand, das Mittelmaß wahrte, anstatt sich den „verbotenen Gedanken" (vgl. S. 210) zu stellen. Für dieses Unvermögen, den Kräften der Vergangenheit selbstbewusst und integer zu begegnen, macht Paul seine Geburt verantwortlich (vgl. S. 210), die dadurch einmal mehr zum novellistischen Ereignis wird, dem die anderen Entwicklungslinien entspringen.

Konrad Pokriefke

Konrad Pokriefke wird 1980 als Sohn von Gabriele und Paul Pokriefke geboren, zieht 1987 nach der Scheidung der Eltern mit der Mutter nach Mölln. Dort besucht er das Gymnasium, baut Kontakte zur rechten Szene auf und geht eine erst mit Beginn der Haftstrafe näher thematisierte Beziehung zu Rosi, einer Zahnarzthelferin, ein. Paul erzählt, Gabi qualifiziere Konrad als einen typischen **Einzelgänger**, der schwer zu sozialisieren sei. Einer der Gründe dafür sei, dass Konrads Denken vergangenheitsbezogen sei, wenn er sich nach außen auch aufgeschlossen für technische Neuerungen gebe (vgl. S. 67). Diese Eigenschaften werden durch Tullas Computergeschenk an Konrad verstärkt. Er ist knapp fünfzehn (vgl. S. 68), als er unter den **Einfluss seiner Großmutter** gerät – mithin ein Alter, in dem sich die Identität des Menschen ausprägt und er sich von seinen Eltern löst, um sich anderen Vorbildern zuzuwenden, die nachzuahmen ihm als erstrebenswert erscheint. Konrad wendet sich neben seiner Großmutter noch dem **Nationalsozialisten Gustloff** zu, dessen Lebenslauf für ihn, wie Paul sagt, Suchtpotential entwickelt (vgl. S. 68). Der Ich-Erzähler beschreibt seinen Sohn als hoch aufgeschossen und nimmt ihn als eine nette Erscheinung wahr. Er betont vor allem, dass sich Konrad hinsichtlich des Aussehens vom typischen Nazi positiv abhebe – so trägt er eine Brille und ist in Norwegerpulli, Boots und Jeans gekleidet, als Paul ihn besucht (vgl. S. 75). 1996 zieht er zu seiner Großmutter Tulla nach Schwerin, weil deren Erzählungen von der *Wilhelm Gustloff* seine Faszination geweckt haben. Offensichtlich hat es Gabis „linksliberal" ausgerichtete Erziehung nicht vermocht, Konrad näher an seine Mutter zu binden (vgl. S. 73). Konrad ist Webmaster der Homepage *blutzeuge.de,* auf der er – zum Teil als Sprachrohr seiner Großmutter (vgl. S. 89), die die KdF-Organisation und dadurch auch ihr Flaggschiff, die *Gustloff,* als die Verwirklichung einer klassenlosen Gesellschaft preist – rechtsradikales Gedankengut verbreitet. Im virtuellen Duell mit dem User David (Wolfgang Stremplin) schärft Konrad sein extrem **rechtsintellektuelles Profil**, indem er die Bedeutung des Mordes an Wilhelm Gustloff für die Gegenwart zu erklären versucht. Konrad ist dabei aber **kein typischer Neonazi**. Er ist auch kein vulgärer Antisemit (vgl. S. 83), was ihn keineswegs verharmlosen soll. Er stellt sich auf den Standpunkt, die Juden gehörten nach Israel (vgl. S. 159), und räumt ein, dass auch Frankfurter ein Denkmal verdient hätte (vgl. S. 192). Nach dem aus Prinzip und aus deutscher Gesinnung verübten **Mord** an dem Internet-Kontrahenten Wolfgang alias David am 20. April 1997 wird Konrad zu einer siebenjährigen Haftstrafe verurteilt. Im Gefängnis baut er die *Gustloff* nach, zerstört dann aber das Modell unter den Blicken seines Vaters, um mit der Geschichte des Schiffes abzuschließen. In den Augen einer virtuellen Kameradschaft ist nun er ein Zeuge der neonazistischen Bewegung.

Während des Prozesses wird glaubhaft gemacht, dass Gustloff eine Vaterfigur für Konrad gewesen ist, die an die Stelle des abwesenden Paul trat, wie auch der Computer als Fluchtmittel aus jugendlicher Einsamkeit, und so als **Familienersatz**, genutzt worden sei (vgl. S. 195). So erklärt sich auch, dass Paul die Fotos der historischen Figuren in Konrads Zelle wie „Familienfotos" wahrnimmt (vgl. S. 202) – auch sie erfüllen offenbar eine Ersatzfunktion.

Wolfgang Stremplin alias David

Mit vierzehn Jahren beginnt der Gymnasiast Wolfgang aus Karlsruhe sich in fanatischer Weise mit allem, was jüdisch ist, zu identifizieren – auch mit der **Opferrolle der Juden** während der Nazidiktatur in Deutschland. In dieser Rollenidentität geht er unter dem Decknamen „David" die Kontroverse mit Konrad alias „Wilhelm" im Internet ein. Hauptsächlich über Recherchen mit dem Computer eignet er sich Wissen zum Holocaust an, verlangt die koschere Zubereitung seiner Nahrung und trägt die „Kippa", eine jüdische Kopfbedeckung für Männer (vgl. S. 185). Die Eltern wissen sein Verhalten nicht einzuordnen, was ihrer liberalen Einstellung zugeschrieben wird. Während seiner Verabredung am 20. April 1997 mit Konrad wird Wolfgang am Fundament des ehemaligen Gustloff-Denkmals so erschossen, wie David Frankfurter Wilhelm Gustloff erschossen hatte.

Zum Verständnis für Wolfgangs Suche nach einer fest umrissenen Identität sind die Eltern des Jungen maßgebend. Der Ich-Erzähler fühlt sich ihnen verbunden und schildert den Vater als einen Typen, der „sogar handfeste Tatsachen relativiert", während die Mutter jemand ist, der „alles irgendwie unerklärlich" findet (S. 186 f.).

Charakterlich ähneln sich Konrad und Wolfgang in einigen wesentlichen Zügen. Beide werden als **Sonderlinge** erlebt. Sie verbringen extrem viel Zeit am Computer und sie rahmen sich Ausdrucke von historischen Vorbildern, die sie im Internet gefunden haben, ein. Wie Konrad so leidet auch Wolfgang unter der Distanz des Vaters zu ihm. In Wolfgangs Biografie ist es das vierzehnte Lebensjahr, das zur **Entfremdung** mit dem Vater führt. Anlass ist die vom Heranwachsenden als unangemessen unemotional empfundene Art der Erinnerung an die NS-Vergangenheit (vgl. S. 185), die zugleich zu Vereinsamung und Fanatisierung führt. Im Unterschied zu Konrad identifiziert sich Wolfgang nicht mit dem Aggressor, sondern mit dem Opfer. Folge der **innerfamiliären Isolation Wolfgangs**, der anders als Konrad noch zwei jüngere Brüder hat, ist die gesteigerte Emotionalität seiner Internetkommunikation mit Konrad, den er immerhin nicht von Angesicht zu Angesicht kennt. Die Bandbreite der Gefühle reicht von Hass (z. B. S. 150) bis zu kameradschaftlichen Witzeleien (S. 161).

Der Alte (Jemand)

Der Auftraggeber des Ich-Erzählers wird wie der Autor Günter Grass 1927 geboren, verfasst wie dieser einen *Hundejahre* betitelten Roman und ist ein Spezialist für den Themenkreis Danzig während und nach der Nazidiktatur. Es liegt daher nahe, in ihm ein **Alter Ego des Autors** zu sehen.

Der Alte lehrt Mitte der 1960er-Jahre an der Technischen Universität Berlin *creative writing*. Paul ist einer seiner Studenten. Selbst „leer- bzw. müdegeschrieben“ (vgl. S. 30 und 99), sieht sich der Alte mit dem Stoff überfordert und beauftragt Paul mit der Niederschrift der *Gustloff*-Katastrophe. Auf dieses Engagement des Alten geht die metanarrative und metafiktionale Dimension der Novelle zurück (vgl. S. 35 f. dieser Interpretationshilfe).

Der Alte, der auch als „Boß“ (S. 176) bezeichnet wird, schaltet sich in den Gang der Erzählung ein, indem er den Ich-Erzähler zu regelmäßigen Arbeitsgesprächen lädt. In diesen Gesprächen stellt er erst Forderungen zur **Erzählweise** (Kapitel 1–6), mahnt dann aber auch die **Novellentauglichkeit** des Stoffes an und äußert sich kritisch zu **Pauls Vaterrolle** (Kapitel 7–9). Die wesentliche Eigenschaft, die Grass seinem Alter Ego gibt, ist die Erschöpfung, die sich aus der Erfahrung der Vergeblichkeit des Erzählens ergibt. Es nagt am Alten, das Thema der **ostpreußischen Flüchtlinge** nicht engagiert genug besetzt zu haben; denn den Rechtsradikalen bleibt immer noch Material und Ressentiment, um das Erbe des Nationalsozialismus weiterzugeben. Sie bemächtigen sich der Geschichte der *Gustloff*, ehe es ihm gelingen konnte, diese Tragödie künstlerisch zu bearbeiten. Für den Alten ist es nun „zu spät“ (S. 77); eine Gewissheit, die er mit seinem Ghostwriter teilt.

Kerngedanke des Alten ist die Überzeugung, dass kein Mensch in der Lage ist, seine eigenen Gedanken zu kennen, mitzuteilen, also auch zu verhindern oder zu steuern. Noch weniger ist ein Mensch fähig, die Gedanken eines anderen Menschen zu kennen (S. 199). So gesehen sind Menschen **radikal einsam**, und dies ist einer der Hauptcharakterzüge, die Grass seinem Alter Ego verleiht. Zwar weiß der Alte um die Unmöglichkeit, Gedanken und Gefühle eines anderen Menschen zu kennen, doch glaubt er dennoch an die Fähigkeit der Literatur, Menschen **über die Wirklichkeit aufzuklären**. Er will das Thema *Gustloff* nicht der braunen Saat überlassen. Deshalb soll erzählt werden, wie es war, ohne dass die Fakten manipuliert werden. Daher untersagt der Alte es dem Ich-Erzähler, über Gedanken zu spekulieren (vgl. S. 199).

Figurenkonstellation im historischen Zusammenhang

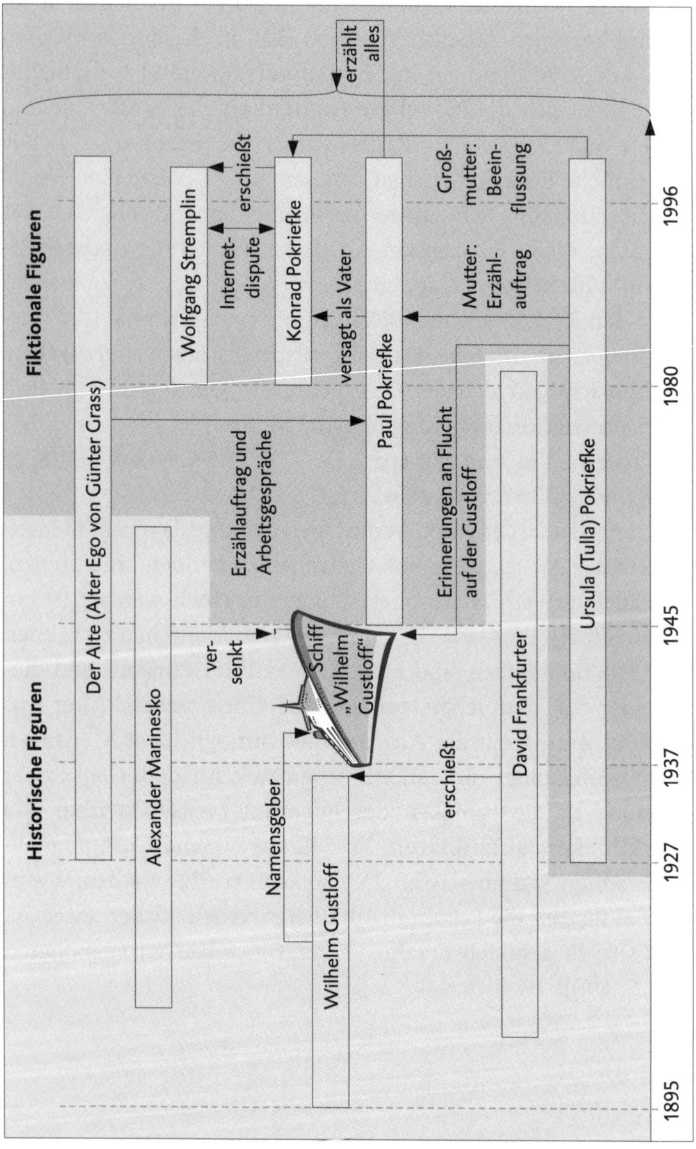

4 Zentrale Motive und Themen

Motive

Im Abschnitt über die Chronologie (vgl. S. 30 f. dieser Interpretationshilfe) ist mit den **Daten des 30. Januars und des 20. Aprils** bereits ein wichtiges Motiv genannt worden. Der Autor verwendet es, um **Ordnung in das Nebeneinander** von Erzähleinheiten zu bringen.

Ein weiteres Motiv ist **die Zahl 4** in Verbindung mit tödlicher Gewalt: Frankfurter schießt vier Mal auf Gustloff, vier Torpedos werden auf die *Gustloff* abgefeuert, dies ist faktisch abgesichert; Konrads vier Schüsse auf Wolfgang dagegen sind Fiktion. Die Art und Weise, wie die Zahl 4 als Motiv aufgebaut wird, deutet auf eine **Wiederholungsstruktur**, auf die am Ende der Novelle verwiesen wird: „Das hört nicht auf. Nie hört das auf." (S. 216)

Ein Motiv, das die Gefühle der Leser in Aufruhr bringt, ist das der **unschuldig sterbenden Kinder**. Da ist Tullas Bruder Konrad, der beim Baden in der Ostsee ertrank (vgl. S. 24). Tulla begründet die Pflicht Pauls, die Katastrophe vom Untergang der *Gustloff* zu erzählen, mit dem unvergesslichen Anblick der ertrunkenen Kinder: „Wie aisig die See jewesen is und wie die Kinderchen alle koppunter. Das mußte aufschraiben. Biste ons schuldig als glicklich Ieberlebender." (S. 31) Später baut der Autor das Motiv weiter aus, indem er es mit einem zweiten Motiv verknüpft, dem des **Kontrastes zwischen den Schreien** der Sterbenden und dem Schrei des Neugeborenen, Paul (vgl. S. 151). Immer wieder wird das Motiv aufgegriffen: „Ond all die Kinderchen zwischen die Eisschollen ..." (S. 57) Der Ausgestaltung des Motivs der unschuldig sterbenden Kinder stellt der Autor eine Aussage Heinz Schöns zur Seite, um zu verhindern, dass die Novelle über die Sympathie mit den Kindern einen russenfeindlichen Affekt erzeugt, weil es ein russisches U-Boot war, das die *Gustloff*, die „an die viereinhalbtausend Säuglinge, Kinder, Jugendliche“ (S. 105) an Bord hatte, versenkt hat. Zum **Höhepunkt** kommt die Entfaltung des Kinder-Motivs im Zuge der Schilderung des Untergangs in den Kapiteln fünf und sechs. Bei der Einschiffung sind Kinder „ohne Mütter aufs Schiff gekommen“ (S. 108). Wieder wird das Motiv mit dem des Schreiens kombiniert:

> *Und Mütter haben erleiden müssen, wie in dem Gedränge auf der Gangway ihr Kind von der Hand weggerissen, über den Rand gestoßen wurde und zwischen Schiffswand und Kaimauer im Hafenwasser verschwand. Da half kein Schreien.* (S. 108)

Bei dem Bemühen, sich die Kinder näher vorzustellen, lässt der Autor seinen Ich-Erzähler auf Fotos von Kindern zurückgreifen, die er intensiv beschreibt (vgl. S. 126). Zudem schaut sich Paul den Film von Frank Wisbar an:

> *Und Kinder sieht man im Film. Kinder, von ihren Müttern getrennt. Kinder, an der Hand die baumelnde Puppe. Kinder, verirrt in den bereits geräumten Gängen. In Nahaufnahme die Augen vereinzelter Kinder.* (S. 136)

Die „abstrakte Zahl“ von viertausend umgekommenen Säuglingen, Kindern und Jugendlichen verdeckt für den Erzähler dabei das konkrete Leid: „[I]n Statistiken verschwindet hinter Zahlenreihen der Tod.“ (S. 136) Der Ich-Erzähler referiert Augenzeugenberichte, um das Motiv anschaulich zu machen: „Auf breiten Treppen und schmalen Niedergängen wurden Greise und Kinder totgetreten.“ (S. 137) Tullas Erinnerungseinsprengsel erklärt schließlich die Kopfunterposition der Kinder zwischen den Eisschollen: „Die sind alle falsch runterjekommen vom Schiff, mittem Kopp zuerst. Nu hingen se in die dicken Schwimmwülste mitte Beinchen nach oben raus …“ (S. 140) Bei diesem grausigen Anblick sei ihr Haar auf einen Schlag schlohweiß geworden.

Über der Erinnerung an die stumm treibenden Kinder liegt „ein nie gehörter, kollektiver Endschrei" (S. 146), den sie, so lässt der Ich-Erzähler Tulla berichten, nie vergessen wird. Dieser Schrei wird mit dem des Neugeborenen ausdrücklich kontrastiert (S. 7, 151). Um die Zufälligkeit von Pauls Existenz zu beglaubigen, wird nochmals das Motiv der getöteten Säuglinge gebraucht: Drei erfrorene Säuglinge liegen in der Kajüte neben der, in der Paul zur Welt gekommen sein soll (vgl. S. 151). Paul selbst wünscht sich, das elternlose Findelkind zu sein, das vom Vorpostenboot geborgen wurde (vgl. S. 143). Mit diesem Wunsch, den Fluch der Geburt am 30. 1. 1945 nicht auf der eigenen Existenz liegen zu haben, endet die Ausgestaltung des Motivs der unschuldig leidenden Kinder. Es ist ein Motiv, das in der Literatur oft benutzt wird und seine wohl bekannteste Ausgestaltung im Kindermord von Betlehem im Evangelium nach Matthäus erhalten hat. Meist stellt es die Frage nach dem **Sinn der Geschichte** und nach der **Gerechtigkeit in der Welt**. Wie in den meisten Geschichten, die sich dieses Motivs bedienen, weckt es auch in Grass' Novelle die Gefühle der Leser, es dient der Ausgestaltung des **unfassbaren Leides der Opfer des Schiffsuntergangs**. Das Motiv der Kinder ist der emotional stärkste Beweggrund aus der Sicht Tullas, den Untergang der *Gustloff* zu erzählen. Aber es lähmt Paul eher, als dass es ihn antreibt. Denn das Leid selbst kann nicht erzählt werden, wie er sagt, und darüber hinaus belastet ihn der von Tulla hergestellte Zusammenhang zwischen seiner Geburt und dem gleichzeitigen Tod der vielen Kinder. So umkreist das Motiv der toten Kinder das novellistische Ereignis der Geburt Pauls.

Ein weiteres Motiv ist das des **Andenkens** bzw. des **Denkmals**. Zum Andenken an Gustloff wird das Schiff nach ihm benannt. Die Oberschule, in der Tulla und Paul in Schwerin zunächst Zuflucht finden, ist nach Gustloff benannt. Nachdem das Gustloff-Denkmal zerstört ist, wird eine auf dem Gelände errichtete

Jugendherberge nach dem Antifaschisten Kurt Bürger benannt (vgl. S. 167). Dieses Auf und Ab von Erinnern und Verdrängen bzw. Vergessen spielt der Autor am Beispiel der Leninstatue im Umkreis von Tullas Wohnung in Schwerin ebenso durch wie am Beispiel des Gedenkens an Marinesko (vgl. S. 165 f.). Im fiktiven Raum wird – in Anlehnung an die faktischen Beispiele oben – diskutiert, ob David Frankfurter ein Denkmal beispielsweise in Davos verdient habe (vgl. S. 192).

Als **leitmotivisch** den Text durchziehendes Dingsymbol kann das **Gustloff-Denkmal** verstanden werden. Es spielt für den Handlungsverlauf immer wieder eine äußerst wichtige Rolle: Das Denkmal bewegt Tulla dazu, freiwillig in Schwerin zu bleiben (vg. S. 164), ein wichtiges Ziel von Konrads Aktivitäten ist die Wiedererrichtung des Denkmals und – nachdem David das Denkmal bespuckt hat – ermordet Konrad ihn dort.

Ein rein fiktives Motiv ist das des **Fuchspelzes**, das dem Autor dazu dient, die Geschichte der Familie Pokriefke am Schicksal des Fuchspelzes entlang zu erzählen. Als Geschenk von einem der Liebhaber Tullas rettete das Fuchsfell beispielsweise den Säugling Paul vor dem Erfrieren (vgl. S. 178). Zweitens lässt der Autor das Innenleben Tullas, der „Hexe mit Fuchspelz um den Hals" (S. 193), erahnen, indem er ihren Sohn erzählen lässt, wie sie während des Verhörs vor dem Gericht den Fuchspelz inszeniert: Anfangs **selbstbewusst** gegenüber dem Richter, „rückt sie den Fuchs in zentrale Position" (S. 181). Nach der Eröffnung, Wolfgang Stremplin sei keineswegs jüdischer Abstammung, „fummelte" sie „am Fuchsfell" (S. 181), was ihre **Verunsicherung** verrät. Schließlich wird das Motiv des Fuchses, der als Zeuge der Familienchronik dient, mit dem Adjektiv „füchsisch" auf seine Trägerin, Tulla Pokriefke, bezogen, wenn Paul von „Mutters füchsischen Beteuerungen" (S. 182) spricht. Grass hat, wie schon die Titel seiner Werke zeigen, eine Vorliebe für animalische Motive (*Der Butt, Die Rättin, Katz und Maus* u. a.).

Auch die Erzählweise der Novelle – sie wird „im Krebsgang" erzählt – hat die Eigenheit eines Tieres zum Vorbild.

Die **Vaterschaft** ist ebenfalls ein **vielseitig variiertes Motiv**. Pauls ganze Existenz steht unter dem Stern der unklaren Vaterschaft, und seine eigene Vaterlosigkeit motiviert dann auch Pauls verfehlte Vaterschaft, die im Gerichtsprozess mit als Grund für Konrads psychische Verfassung und so mittelbar für den Mord genannt wird. Der Ich-Erzähler bringt diesen die Novelle überspannenden Zusammenhang mit folgendem Ausruf auf den Punkt: „Ach, wäre ich, der Vaterlose, doch nie Vater geworden!" (S. 184) Paul erwägt ausdrücklich, dass die Begeisterung für Wilhelm Gustloff und damit auch die Mordtat an Wolfgang Stremplin auf Konrads Suche nach einer Ersatzautorität („Vaterersatz", S. 195) zurückgeht.

Das Motiv der Vaterschaft verbindet auch den fiktiven Raum der Familiengeschichte mit dem Faktischen der drei Biografien, indem Paul über deren Erfahrungen mit ihren Vätern nachdenkt. Eingeleitet werden diese Gedanken mit der wie ein Seufzer klingenden Feststellung: „Nein, ich habe keinen richtigen Vater gehabt, nur austauschbare Phantome." (S. 22)

Mit dem Motiv des fehlenden Vaters verknüpft ist das **Motiv des Versagers**. Vor allem um die Figur des Ich-Erzählers (vgl. S. 43–45 dieser Interpretationshilfe) wird ein Geflecht von Einzelheiten gesponnen, die sein Versagen aufzeigen. Das Datum und die Umstände seiner „schiefen" Existenz (vgl. S. 151) bereiten sein Versagen vor, die Gründung der Kameradschaft zu Ehren seines Sohnes macht sein Versagen komplett. Er versagt auf allen Ebenen seiner Existenz: familiär, beruflich, persönlich, künstlerisch. Aber auch der Alte versagt, da er es versäumt, über das Elend von Flucht und Vertreibung zu schreiben. Tullas Versagen als Mutter und vor der Geschichte wird thematisiert. Die Richter versagen, als sie Konrad milde bestrafen und das Kernproblem des Neonazismus nicht wahrnehmen.

Wahrheit und Legendenbildung – der Umgang mit der Vergangenheit

Flüchtlingstrek Richtung Deutschland (BArch, Bild 183-W0402-500 / Dissmann / CC-BY-SA)

Der Alte, aus dem hier der Autor spricht, beklagt ausdrücklich das **Versäumnis**, „dem Elend der ostpreußischen Flüchtlinge" keinen „Ausdruck" gegeben und so das „Thema den Rechtsgestrickten überlassen" (S. 99) zu haben. Der Grund für das Versäumnis ist, „dass die eigene Schuld übermächtig und bekennende Reue in all den Jahren vordringlich gewesen" (S. 99) sei. Mit der **Schuld** ist die deutsche Verantwortung für den Zweiten Weltkrieg und die nationalsozialistischen Verbrechen gemeint. Deutsche könnten, so die Formel, nur Täter sein, nicht aber Opfer. Das **Opfer-Thema** – so fasst es der Ich-Erzähler zusammen – war gesamtdeutsch tabu (vgl. S. 31). Das Versäumnis besteht aber nicht nur gegenüber denen, die nun auch als Opfer wahrgenommen werden sollen (u. a. die ostpreußischen Flüchtlinge), sondern auch gegenüber der eigenen politischen Verantwortung – wie sich herausstellt, wird das Thema Flucht und Vertreibung von den rechtsextremen Kreisen besetzt und zu Propagandazwecken missbraucht (vgl. z. B. S. 32).

Mit Blick auf die Literaturgeschichte der Nachkriegszeit muss das vom Alten behauptete Versäumnis aber differenzierter beschrieben werden. Nicht die Autoren haben geschwiegen. Veröffentlichungen und Erzählungen von Siegfried Lenz, Alexander Kluge, Walter Kempowski, W. G. Sebald, Horst Bienek, Christa Wolf und anderen haben dem Elend von Flucht und Vertreibung eine literarische Stimme gegeben. Das Versäumnis liegt daher eher auf der Seite des Publikums, wie der Ich-Erzähler sagt:

„Mochte doch keiner was davon hören […].“ (S. 31) Selbst für Grass gilt der pauschale Versäumnisvorwurf nicht, wie die Spuren allein des Untergangs der *Gustloff* in seinem Werk zeigen.

Das festgestellte Versäumnis ist der wesentliche Grund für das **aufklärerische Anliegen** des Alten, dass Paul von der *Gustloff*-Katastrophe erzähle. Doch nicht nur der Alte, auch Tulla hat den Ich-Erzähler immer wieder zum Erzählen angetrieben. Ihr Insistieren auf dem Erzählauftrag ist jedoch weniger aufklärerischer Natur. Den aufklärerischen Anspruch übernimmt der Ich-Erzähler nicht explizit von seinem Auftraggeber. Die Tatsache, dass die Entdeckung der Internetseite *blutzeuge.de* den Beginn seiner Recherchen markiert und dass er gegen die Verfälschungen auf der Seite Einspruch erhebt (vgl. z. B. S. 105 f.), zeugt jedoch von diesem Anspruch.

Mit seiner erinnernden Erzählung verfolgt er das Ziel, vereinfachende und eindeutige Sichtweisen und die Entstehung von Feindbildern durch Aufklärung zu verhindern. Die Novelle strebt so zum Zwecke der Aufklärung eine unparteiliche Erzählweise an. Der Ich-Erzähler versucht, das Ideal der ausgewogenen Darstellung durch **umfangreiche und unparteiische Recherche** sowie **multiperspektivische Schilderung** zu erreichen. Außerdem treibt ihn der Alte zu genauer Erinnerung an. Unterlaufen wird die ausgewogene Darstellung durch die Achse aus Tulla und Konrad, deren Ziel die Legendenbildung ist. Die Legenden dienen der vereinfachenden Geschichtsdarstellung und ersparen es ihnen, die Welt in ihrer Komplexität und Vielschichtigkeit differenziert wahrnehmen zu müssen. Legenden können emotional befriedigen, indem sie eine eindeutige Orientierung bieten: Konrad

Zur Recherche genutzte Medien

- Buch/Sachbuch (z. B. S. 9, 14, 16, 61 f., 115)
- Film (z. B. S. 63, 68 f., 135 f.)
- Rundfunk (z. B. S. 34, 119)
- Zeitung (S. 24, 36, 69)
- offizielle Verlautbarungen (S. 166 f.)

schnitzt sich „naturgetreu einen Helden“ (S. 189) und Konrads Ausführungen vor Gericht hätten – so die Vermutung des Erzählers – zustimmendes Murmeln geerntet, wäre Publikum bei der Verhandlung zugelassen worden (vgl. S. 189). Auch bei Tulla wirkt die Mythisierung der eigenen Vergangenheit identitätsbildend: Ihre eigene Besonderheit liegt darin, die Mutter des Kindes zu sein, das in dem Moment, in dem so viele Kinder starben, geboren wurde. Mit ihrem mythisierenden Hinweis, ihr Haar sei genau in diesem Moment schlagartig weiß geworden, will sie ihrer Besonderheit Ausdruck verleihen.

Dem Bedürfnis der Menschen nach Orientierung durch **manipulierende Eindeutigkeit** kann und will der Ich-Erzähler aber nicht nachkommen. Das Ziel seiner nicht vereinfachenden Aufklärung ist es, das erneute Aufgehen der „kackbraunen Saat“ (vgl. S. 32) – hiermit ist der Nazismus gemeint – zu verhindern. Das Ende der Novelle, an dem der Ich-Erzähler wegen der neu entdeckten Website, auf der Konrad und seine Haltung verherrlicht wird, das Fortleben faschistischen Gedankenguts feststellt, stimmt in dieser Hinsicht pessimistisch: „Das hört nicht auf. Nie hört das auf.“ (S. 216) Die Doppelung, die Satzerststellung der Verneinung im zweiten Satz und die generalisierende Verstärkung der Verneinung vom „nicht“ zum „nie“ verleihen dieser Einsicht besonderes Gewicht.

Diese zwei Schlusssätze, durch Absatz hervorgehoben, und der Novellenbeginn, zu dem man neben der Frage „Warum erst jetzt?“ auch die Widmung „in memoriam“ zählen kann, lassen sich als **rahmende Klammer der Novelle** sehen: Der Beginn ermahnt zur Wahrnehmung der Verpflichtung gegenüber den Toten und das Ende warnt davor, dass sich rechtsradikales Gedankengut immer weiter fortpflanzt und deshalb beständig weiterbekämpft werden muss.

Um die Frage von Verdrängen und Erinnern geht es offenbar auch in dem bildlichen Diktum des Ich-Erzählers zum Wesen der Geschichte: „Die Geschichte, genauer die von uns angerührte Geschichte ist ein verstopftes Klo. Wir spülen und spülen, die Scheiße kommt dennoch hoch." (S. 116) Dabei kann die Wendung „die von uns angerührte Geschichte" in **zweierlei Wortsinn** verstanden werden: als die historischen Ereignisse und als das Erzählen über sie. Das Wort „angerührt" meint hierbei sowohl „berührt" als auch „zubereitet". Mit dem Verb „spülen" ist offenbar der Versuch gemeint, mit der Vergangenheit abzuschließen – ein Versuch, den Paul hinsichtlich seiner Geburt und des verfluchten Datum des 30. 1. unternommen hat (vgl. S. 116). Mit „Scheiße" ist – so lässt sich diese Stelle deuten – im erweiterten Sinn das rechtsradikale Gedankengut gemeint, das mit diesem Datum verknüpft ist: Konrad propagiert im Internet den Dreißigsten, den Tag der Machtübernahme der Nationalsozialisten, als „Staatsfeiertag" (S. 116) und serviert die Tatsache, dass Gustloff „vorausahnend" an diesem Datum geboren wurde, als „schicksalshafte Fügung" (S. 118). Gegen solch **eklatante Geschichtsklitterungen** schreibt der Ich-Erzähler, hinter dem man in diesem Fall den Autor Grass mitdenken darf, an.

Der Umgang der Figuren mit der Geschichte

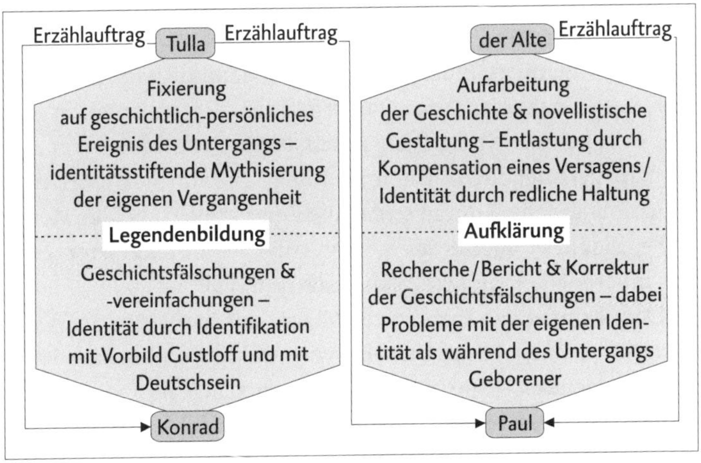

Motive einer Tat – Das Prinzip Feindbild

In Kapitel acht wird der Mord Konrads an Wolfgang alias David erzählt. Als Anlass für die tödlichen Schüsse gibt Konrad an, David habe das Denkmal Gustloffs entweiht. Vom Richter darüber aufgeklärt, David sei kein Jude gewesen, antwortet Konrad, wie es heißt „mit ruhiger Gewißheit", er „allein mußte entscheiden", ob Wolfgang „als Jude sprach und handelte" (S. 182). Auf die Frage hin, ob Konrad jemals einen Juden kennengelernt habe, gibt er zur Antwort, die Erfahrung, einem Juden begegnet zu sein, sei nicht relevant für den Entschluss zum Mord, vielmehr habe er „aus Prinzip" (S. 182) geschossen. Was ist unter diesem von Konrad benannten **Prinzip** zu verstehen?

Die **Selbstaussage Konrads** ist auffällig **parallel zu der Frankfurters** formuliert. Frankfurter stellte sich der Schweizer Polizei mit den Worten, er habe geschossen, weil er Jude sei; Konrad stellt sich mit den Worten, er habe geschossen, weil er Deutscher sei (vgl. S. 28 und S. 175). Diese Parallelität ist so zu verstehen: Frankfurter erschießt in Gustloff den Repräsentanten einer Partei, die eine systematische Verfolgung von Juden betreibt. Er schaltet einen Menschen aus, den er nicht kennt, von dem er aber weiß, dass er dem Feindbild des Nazis entspricht. Das Prinzip hinter Frankfurters Tat ist einfach: Wenn Nazis sich das Recht nehmen, Juden zu ermorden, dann dürfen sich Juden das Recht nehmen, Nazis zu ermorden. Zwar ist er in der Schweiz keinen Übergriffen durch Nazis ausgesetzt, aber das Prinzip verlangt für ihn eine Geltung, die von der konkreten Situation absieht. Konrad selbst legt den Vergleich beider Morde nahe, indem er angibt, wie „er, so habe auch Frankfurter ‚ganz aus innerer Notwendigkeit gehandelt'" (S. 190).

Dass Konrad das Frankfurter-Muster auf den Mord an Wolfgang anwendet, bedeutet für das Verständnis von Konrads Handeln Folgendes: Konrad sieht als Deutscher in Juden einen Feind, gegen den er sich zur Wehr setzen muss – ungeachtet des gewaltigen Unterschieds, dass Juden zur Zeit der Hitler-Herrschaft verfolgt und ermordet wurden, während Konrad in keiner Weise von Juden bedroht ist.

Seiner Tat liegt die **Generalisierung** vom Individuum David Frankfurter auf die Gruppe aller Juden zugrunde. Abzulesen ist dies am Spruch, den der Jugendliche dem im Internet präsentierten Foto des Gustloff-Denkmals beifügt. „Gelebt für die Bewegung – Gemeuchelt vom Juden – Gestorben für Deutschland". Der Ich-Erzähler kommentiert:

> *Da die mittlere Zeile nicht nur den Namen des Täters aussparte, sondern alle Juden zu Meuchelmördern erklärte, war anzunehmen – und so wurde es auch später gedeutet –, Konny habe sich von der einseitigen Fixierung auf den historischen David Frankfurter gelöst und seinen Haß auf ‚den Juden an sich' demonstrieren wollen.* (S. 171)

Diese unzulässige Verallgemeinerung und Übertragung bedeutet die Ausweitung der Einstellung zu Frankfurter zum Feindbild „Jude". Sie wird schließlich zum abstrakten Prinzip radikalisiert (vgl. S. 182). Das Prinzip, dem er gehorcht und das er anwendet, ist das **Prinzip Feindbild**. Konrad braucht die Abwertung einer Gruppe, um sich selbst aufzuwerten. Er braucht das Vorurteil.

Die Novelle vertieft die **psychologische Lesart** durch die Verknüpfung mit Konrads familiären Verhältnissen. Der Ich-Erzähler vermutet sich selbst als Grund für Konrads Gustloff-Begeisterung: Aus Verunsicherung, weil der Vater als Vorbild versagt, sucht sich Konrad ein Vorbild, das er, unter Einwirkung Tullas, in Gustloff findet. Dieses Vorbild gibt ihm Orientierung und weist ihm einen Platz in einem Weltbild zu. Diese Beheimatung in einem Weltbild geht auf Kosten der Wahrheit. Konrad unterschlägt historische Tatsachen, um das Heldenbild Gustloffs eindeutig erscheinen zu lassen. Diese Eindeutigkeit führt zu eindeutigen Frontstellungen, hier der Nazis gegenüber den Juden. Konrads Geschichtsverfälschungen, die Paul gelegentlich als „Schummeln“ verharmlost, führt Paul selbst auf dessen „Wunsch nach einem ungetrübten Feindbild“ (S. 104) zurück. Dies bestätigt sich im Laufe der Novelle. Auf dem Höhepunkt der Feindbildwirkung in Konrads Weltbild versteigt sich Konrad vor Gericht zu der größenwahnsinnigen Feststellung, die von ihm „vollzogene Hinrichtung“ sei nur „in größerem Zusammenhang zu begreifen“ (S. 192).

Vor Gericht werden die **familiären Bedingungen** für Konrads Entwicklung ebenfalls zur Erklärung herangezogen: Die Gutachter unterstellen ihm Verzweiflung und Einsamkeit als Disposition für die Radikalisierung seiner Gedanken und Kälte seiner Gefühle (vgl. S. 193). Als Ursache für die Einsamkeit kommt unter anderem das emotionale und intellektuelle Versagen der Eltern in Betracht. Paul steht zu diesem Versagen (vgl. Motiv des Versagers und Motiv der Vaterschaft). Auch Gabi gibt zu, gegen den Jungen nicht ankommen zu können (vgl. S. 213). Außerdem wird der schädliche Einfluss der Großmutter Tulla auf Konrad als Ursache angeführt: Die Großmutter habe die Fixierung Konrads auf Gustloff nur bewerkstelligen können, weil der Platz der Autorität im Leben des Kindes unbesetzt war; Gustloff sei ein Vaterersatz (vgl. S. 195). Eine Mitschuld gibt Paul auch den Lehrern Konrads (vgl. z. B. S. 187).

Es wird in der Novelle also eine **Vielzahl von Faktoren** in Betracht gezogen, ein endgültiges Urteil über die Psychologie hinter dem Verbrechen wird allerdings nicht gefällt. Dies entspricht sowohl Pauls Abneigung gegen „[a]bschließende Beurteilungen“ (S. 151) als auch dem Verbot des Auftraggebers, „mit Konnys Gedanken zu spekulieren“ (S. 199). Hierin bringt Grass literarisch zum Ausdruck, was er in einem Interview zu seinen Beobachtungen von Gerichtsprozessen gegen Rechtsradikale festhielt:

Ich habe haufenweise Protokolle aus Prozessen gegen rechtsradikale Täter gelesen und habe darin immer nur ein hilflos rumstocherndes Suchen nach Gründen gefunden. Abwechselnd werden die Eltern, die Schule, die Gesellschaft schuldig gesprochen, und an allem ist irgendwie was dran.[1]

Dem Autor liegt entschieden daran, **Konrad als Charakter** zu erzählen. Der intellektuelle Safttrinker ist kein typischer Rechtsradikaler wie die mit Bierflaschen bewaffneten „Fleischberge[]“ (vgl. S. 82). Das radikalisierte Prinzip Feindbild hat Konrad trotz seiner Intellektualität nicht als solches durchschaut. Im Gegenteil glaubt Konrad, das unbedingt Richtige zu tun, indem er für die Verteidigung des Gustloff-Andenkens Wolfgangs Leben und seine eigene Freiheit opfert. Doch das Prinzip Feindbild hat nicht nur Geltung für ihn – die ihm zu Ehren gegründete *Kameradschaft Konrad Pokriefke* führt es fort. Von ihm ernährt sich das neonazistische und antisemitische Gedankengut.

Neonazis bei einem Aufmarsch am 21.08.2010 in Neumünster (Schleswig-Holstein)

Grass warnt davor, dieses Prinzip zu unterschätzen. Der moralisch angemessene Weg verlangt, die Mühen der Wahrheitsfindung auf sich zu nehmen. In der komplexen Erzählweise des Nach- und Nebeneinanders von Perspektiven, Fakten, Deutungen und Sprachformen veranschaulicht Grass, wie kompliziert es seiner Ansicht nach ist, der Wahrheit auf die Spur zu kommen. Doch so sehr Grass diese Schwierigkeit betont, so sehr ist sein Buch auch ein **Plädoyer gegen den Rechtsradikalismus**.

Internet und Rechtsradikalismus

Grass behandelt das Thema Rechtsradikalismus als jemand, der in seiner Jugend, nicht viel älter als seine Helden Konrad und David, der Waffen-SS beigetreten war. Er weiß daher um die Verführungskraft dieser Ideologie. Er hat miterlebt, wie sie in der Lage war, Identität zu stiften. An der Figur des Konrad lässt Grass den Leser diesen Vorgang erleben. Die *Gustloff* wird zum Symbol der Volksgemeinschaft, der Gleichheit und der Fürsorge des Regierungsapparates für die Mitglieder des Volkes (vgl. S. 190). Die **Phrasen der Propaganda** treten an die Stelle der Realität, sobald die Leerstellen nicht durch moralisch integre Einflussnahme seitens der Lehrer oder Eltern besetzt werden. In der Novelle dient das Internet als Flucht vor der Einsamkeit des Jugendlichen. Folglich ist der **Rechtsradikalismus im Internet** ein wichtiges Thema der Novelle. Als Konrads Eltern ihrem Sohn nicht die benötigte Orientierung und Geborgenheit vermitteln, begeistert sich Konrad für das „Kraft durch Freude"-Programm der Nationalsozialisten, auf das er durch Tulla aufmerksam wird, und recherchiert exzessiv im Internet, er erstellt eine Internetseite und bereitet Referate zu dem Thema vor. Die Informationsbeschaffung aus dem Internet verhindert, dass Konrad, wie es sonst bei der Beschaffung von Büchern in Bibliotheken der Fall gewesen wäre, mit kritisch eingestellten Erwachsenen in Kontakt kommt. Konrad hat also keine Bezugsperson, mit der er die Informationen aus dem Internet verarbeiten könnte und die ihm hilft, den Daten ihren dem Maßstab des Humanen angemessenen Platz in seinem Leben zu geben. Der einseitige Umgang mit dem Internet fördert so die Enthemmung seiner ihm zumeist unbewusst bleibenden Gefühle, wie analog die Flucht ins Internet die **Emotionen** Wolfgangs **radikalisiert**. Zugleich ermöglicht Konrad das Internet, die **Historie zu reinszenieren**: Er kann beispielsweise das ersehnte Gustloff-Denkmal im virtuellen Raum, auf seiner Website, wiedererrichten (vgl. S. 158) und seine Darstellung im Internet wirkt so, als laufe der Prozess gegen David Frankfurter nochmals ab (vgl. S. 46). Aber auch auf anderen rechtsradikalen Seiten verhalten sich die Internet-User so, als „wäre der Mord von Davos gestern geschehen“ (S. 63). Das **Problematische an dieser Simultaneität von Vergangenheit und Gegenwart** ist es, dass den Internet-Usern die **kritische Distanz** fehlt, die gegenüber historischen Ereignissen einzutreten pflegt. Die schiere Masse der Informationen, ihre meist unwissenschaftlich gestaltete Aufbereitung verhindern dies ebenso wie die von Konrad alias Wilhelm und Wolfgang alias David neu angenommenen Identitäten. Die Wirklichkeit wird abgestreift und in der virtuellen Welt durch ein erwünschtes Selbstbild ausgetauscht. Doch da dies in der sensiblen Phase der Identitätsbildung geschieht, wirkt dieses Internet-Spiel auf die Biografien der Jugendlichen zurück – mit verheerenden Folgen: Der eine Chatter erschießt den anderen.

Grass sieht, dass das Internet die Diskussion des in der öffentlichen Meinung wenig gewünschten Themas „Untergang der Gustloff“ ermöglicht: unzensiert und tabulos. Als Aufklärer müsste dem Autor der Novelle, die, wie er es nennt, „Freizügigkeit der totalen Kommunikation“ (S. 149) gelegen kommen. Grass aber hebt vor allem die kritischen Aspekte der Internetnutzung hervor. Die Welt verkommt zur „Quasselbude“ (S. 117), gleichgültig, um welches Thema es sich handelt. Der „Wortmüll“ der „Kommunikation“ (S. 172) breitet sich als „digitale Oberfläche“ über die „gegenwärtige Wirklichkeit“ (S. 150) aus und macht sie dadurch unsichtbar.

Der **Neonazismus** nutzt **das Internet als Mittel der Propaganda und als Kommunikationsmittel**. Grass nennt verschiedene Websiten namentlich: *Stormfront, Nationaler Widerstand* und *Thulenet* (vgl. S. 32, 63). Diese Seiten gehören zu den Hassseiten, „Hate-Pages“, wie sie vom Verfassungsschutz bezeichnet werden. In Deutschland waren beispielsweise im Jahr 2004, also zwei Jahre nach Erscheinen der Novelle, 950 Hassseiten zugänglich. Diese Seiten sind für jugendliche Nutzer von hoher Attraktivität, weil sie auf deren Bedürfnisse eingestellt sind. Jugendliche finden einschlägige Musik, Spiele und Kontaktangebote.

Grass ermöglicht sich durch die Einbeziehung des Internets und seiner Virtualität in die Novelle die Möglichkeit, dem Leser die **neue Qualität der Bedrohung von rechts** erfahrbar zu machen. Außerdem führt er den Fächer der Einsatzmöglichkeiten des Internets als Kontaktmedium, Kommunikationsplattform, Fluchtpunkt, Informationsquelle, Propaganda- und Desinformationsmittel vor Augen.

Die „Vererbung" des Nazismus – die belastende Vergangenheit

Für den Ich-Erzähler scheint ein Fluch auf Tulla zu liegen, wie er es anlässlich des Mordes Konrads an Wolfgang andeutet (vgl. S. 193 f.). Der Fluch ist eine Art Aura, mit der Tulla Konrad wie mit unsichtbaren Fäden an sich bindet, sodass dieser zunehmend verblendet wird. Dass Tulla an der **verhängnisvollen Entwicklung** Konrads die alleinige Schuld trägt, darin sind sich Gabi und Paul lange einig (vgl. S. 68), bis sie während des Prozesses eine Mitschuld eingestehen (vgl. S. 184). Während Gabi allerdings auch einen Einfluss der „Gene" (S. 67) sieht, verwendet Paul eher Begriffe aus dem medizinischen Bereich, um den Einfluss Tullas auf Konrad zu kennzeichnen: So habe sie Konrad die Fixierung auf die *Gustloff* „eingeimpft" (S. 70) und ihn „süchtig werden" (S. 68) lassen. Von einer Vererbung nationalsozialistischen Denkens geht Paul also eher im metaphorischen Sinne aus. Von besonderem Interesse ist in diesem Zusammenhang, dass eine solche „Vererbung" auch bei Tullas Sohn Paul unterstellt werden kann, da dieser – so formuliert es Gabi – ebenfalls „insgeheim rechtsgewickelt" (S. 75) ist. Aus ihrer Sicht ist also auch Paul ein Mensch, der der nationalsozialistischen Gesinnung Sympathie entgegenbringt. Paul ist dabei insofern schuldig, als er sich nicht ausreichend mit der Vergangenheit und der darauf beruhenden Prägung seiner Person auseinandergesetzt hat. Schuld liegt u. a. darin, die eigene Identität, zu der es gehört, **Nachkommen der Tätergeneration** zu sein, nicht angenommen zu haben. Wer das in Deutschland verdrängt, dem wird es bei Besuchen im Ausland rasch klar.

Der Ansatz, dass Identität sich immer auch im Verhältnis zur Vergangenheit äußert, wird in Konrad mit logischer Konsequenz fortgesetzt. So wie Wolfgang sich in der totalen Abgrenzung durch absolute **Identifizierung mit dem Opfer** von dem „Fluch" zu lösen versucht, der auf ihm durch die Tatsache lastet, Deutscher zu sein, also von deutschen Eltern abzustammen, sucht Konrad Identität durch die **Identifikation mit den Tätern**, die, wie er glaubt, in ihrem ‚richtigen', sozialen Anliegen falsch verstanden worden sind. Die Eltern beider Kinder setzen sich entweder nicht zureichend oder auf die falsche Weise mit dem Nazi-Erbe auseinander und tragen so zur Radikalisierung der Kinder bei. Gabi scheint mit ihrem „Auschwitzgerede" (S. 195) eher das Gegenteil dessen erreicht zu haben, was sie wollte, und die „relativ kühle Betrachtungsweise der nationalsozialistischen Herrschaftsperiode" (S. 185) durch Davids Vater führt zur Entfremdung zwischen Vater und Sohn.

Aus der Logik des quasi per Deutschtum vererbten Nationalsozialismus glaubt Paul durch Wegsehen ausbrechen zu können. Der Versuch scheitert, wie er zugibt. Die Vision, als Findelkind aus der Logik auszuscheren (vgl. S. 142–144, siehe auch S. 83–86 dieser Interpretationshilfe), zeugt von der Dringlichkeit, mit der er sich von den Belastungen freimachen will. Er stellt sich vor, dass das Erbe weniger belastend wäre, wenn seine Herkunft und die Generationslinie seiner Vorfahren unbekannt wäre. Mit seinen Eltern würde er sich der Belastungen durch die Nazivergangenheit entledigen und wäre frei, eine unbeschwerte Identität aufzubauen – statt die eines Versagers **im Schatten der Schuld**.

Grass selbst gab in Interviews zu verstehen, dass es naiv sei, zu glauben, nur wenig intelligente Menschen seien überzeugte Anhänger des Nazi-Regimes gewesen, vielmehr sei anzuerkennen, dass der Nationalsozialismus eine „Verführungskraft" auf viele „junge Leute" gehabt habe. Diese sei über die „Klischeevorstellungen", die „den Nationalsozialismus nur in den Kategorien des ‚Bösen' behandeln"[2] nicht zu erklären. Aufklärung bedeute in dieser Hinsicht, es sich mit der Behandlung der NS-Zeit **nicht zu einfach** zu machen. Selbst aus kleinbürgerlichen Verhältnissen stammend hat Günter Grass den deutschen Kleinbürger geradezu als den Typus des durch „vulgär linke[] Vorstellungen und kleine[] Aufstiegsmöglichkeiten"[3] leicht zu verführenden NS-Anhängers entdeckt und dargestellt. Dabei dürfe Hitler nicht als der Dämon gelten und das deutsche Volk als sein Opfer.[4] Die Dinge liegen für Grass komplizierter. Als Soldat des zweiten Weltkrieges, der seine Kindheit und Jugend im Nationalsozialismus verbracht hat und der sich dessen Weltanschauung nicht erwehrte, spricht Grass aus eigener Erfahrung, wenn er sagt:

> *Ich könnte für mich nicht garantieren, so wie ich bis 1945 aufgewachsen bin – drei Jahre früher geboren, vier Jahre später geboren, hätte ich unter Umständen in verbrecherische Vorgänge tätig hineinverwickelt sein können. Ich kann nicht dafür garantieren, ob ich da Abwehrkräfte genug gehabt hätte. Ich glaube nicht, ich war dafür nicht ausgebildet, nicht ausgerüstet.*[5]

Es sieht so aus, als wolle Grass zu bedenken geben, dass es im Menschen keine instinktive Abneigung gegen das Gedankengut des Nazismus gebe und es deshalb Aufgabe der Bildung sein müsse, der – möglicherweise naturgegebenen – Anfälligkeit des Menschen für Ideologien etwas entgegenzusetzen. Über die **Gefahr der Verführbarkeit** aufzuklären und der Vernunft hierbei ihre Stimme zu geben, ist das Anliegen der Novelle.

5 Sprache, Stil und Erzählweise

Die Sprachformen in der Novelle sind von enormer **Vielfalt**. Es werden Fakten berichtet und Fiktionen erzählt, die Stilhöhe wechselt von Umgangssprache über Fachsprache und Dialekt zu gehobenem Stil; einzelne Passagen sind von einer sehr bildhaften Sprache geprägt. Die allgegenwärtige **Instanz des Ich-Erzählers** hält die Vielfalt der Sprachformen zusammen, denn bei einem Journalisten darf der Leser Sprachkompetenz und Sprachflexibilität erwarten. Die journalistische Recherchetätigkeit erlaubt die **Umgangssprache als Grundton** der Novelle. Auch ist es glaubhaft, dass ein recherchierender Journalist Zitate übernimmt und Sprachformen aus verschiedenen Bereichen (Fachsprache, Internetsprache, Sprache des Alten) in sein eigenes Ausdrucksverhalten übernimmt. Als Sohn der Überlebenden und Zeitzeugin Tulla Pokriefke hat er die Möglichkeit, seine Mutter glaubwürdig Dialekt sprechen zu lassen. Seine persönliche Betroffenheit kommt immer wieder in Wortneuschöpfungen, Sprachspielen, Redensarten, sprachlicher Verfremdung und elliptischem Satzbau zum Ausdruck. Die ausgeprägte Metaphorik und Bildhaftigkeit, allem voran das Bild des Krebsgangs für die kalkulierte Erzählweise, verweisen allerdings eher auf die sprachliche Meisterschaft des Autors, als dass sie dem Repertoire eines gescheiterten Journalisten entstammen könnten.

Bericht- und Erzählstil

Die Novelle durchzieht ein **Kontrast zwischen Erzählen und Berichten**, zwischen Dichtung und Tagesjournalismus, bewusst durchgearbeitetem Stil und schneller Schreibe. Dabei mischen sich Fakten und Fiktion. Viele Passagen werden in einem nüchternen, sachlichen Duktus geschrieben, historische Überblicke lesen sich zum Teil wie Exzerpte aus einem Geschichtsbuch (vgl. S. 120 ff.), oft gibt der Ich-Erzähler Aussagen im Konjunktiv wieder, beispielsweise eingeleitet durch „Es heißt“ (S. 16). Auf diese Weise forciert der Autor den Eindruck, die Novelle sei im Berichtstil gehalten. In diesem Kontrast spiegelt sich der Gegensatz zwischen dem Anspruch des Alten, dass Paul ein künstlerisches Werk, eine Novelle, gestalte, und Pauls eigener Absicht, einfach nur die Fakten zusammenzutragen.

Alltagssprachlicher Grundton

Die Stilhöhe der Novelle ist auf **alltagssprachlichem Niveau** angesiedelt. Die inhaltlichen Schwerpunkte der Schiffs- und der privaten Katastrophe lassen Alltagssprache als Erzählgrundton nicht erwarten, denn Themen dieser Ernsthaftigkeit verlangen einen langen Atem oder eine karge Emotionslosigkeit. Zudem muss auf die Gefühle der Überlebenden Rücksicht genommen werden. Günter Grass bedient sich eines **Tricks**, um die historische Katastrophe in der Alltagssprache erzählen zu können. Er erweckt den Eindruck, der Ich-Erzähler recherchiere lediglich für ein Buch, das noch entstehen wird. Diese **Entstehungssituation** rechtfertigt die gesprochene Sprache – unter der Hand entsteht aber bereits der Bericht und die Alltagssprache befördert den Eindruck der Authentizität des Dargestellten.

Die Absätze des Erzählbeginns sind Beispiele für den Erzähl-Slang der Novelle. Eine Ausnahme bildet das Sprachspiel vom „Schiefgegangenen“, das „dem Schiff eingeschrieben“ sein wird, sobald sich der Autor „abwickelt“. So schreibt keiner, mit dem „die Wörter Schwierigkeiten haben“ (vgl. S. 7).

Einen ähnlich umgangssprachlichen Erzählton weist der Beginn von Kapitel sieben auf; zur Sprache kommt Pauls Traumatisierung durch die Ungewissheit, wer der eigene Vater ist. Eröffnet wird das Kapitel mit dem vulgären Eingangssatz: „Weiß der Teufel, wer Mutter dickgemacht hat.“ (S. 151) Auch die Wendung „wer sie gestoßen hat“ (S. 151), mit der hier der Geschlechtsakt bezeichnet wird, hat vulgären Charakter. Die **Vulgärsprache** bewirkt eine Desillusionierung und kennzeichnet eher den Sprecher, der hier seine Sicht auf seine Mutter und seine Zeugung zum Ausdruck bringt, als Tulla selbst – der Geschlechtsakt wird zum einen auf die äußerliche Folge (Schwangerschaftsbauch) reduziert und zum anderen als eher mechanisch-gewalttätig gekennzeichnet (Stoßen).

Das **Dialektzitat** „mit Blick auffen Knochenberj" (S. 151) macht nicht nur inhaltlich, sondern auch sprachlich die Skurrilität der möglichen Zeugung Pauls deutlich. Der Leser erhält hier Einblick in die Persönlichkeit der Zeitzeugin Tulla Pokriefke: Liebesakt mit Blick auf einen Berg von Menschenknochen. Zugleich führt es dem Leser vor Augen, wie Paul sich fühlen muss, sollte er unter diesen Umständen entstanden sein. Pauls Sprache beglaubigt, dass sein Verhältnis zu seiner Mutter belastet ist.

Auch im Verhältnis zum Alten verwendet Paul **salopp klingende Redeweisen**: „Besten Dank! Verzichte auf Erklärungen." (S. 151) Er schließt aber eine Bemerkung an, die sein journalistisches Ethos beschreibt und über dem Reflexionsniveau der Alltagssprache liegt: „Abschließende Beurteilungen sind mir immer schon zuwider gewesen." (S. 151) Diese Einstellung gegenüber der Sprache und ihren Grenzen teilt er mit dem Alten.

Zeichen seiner sprachlichen Unsicherheit – die Wörter haben Schwierigkeiten mit ihm (vgl. S. 7) – ist Pauls Vorliebe für **geprägte Wendungen** (Redensarten, Sprichwörter, Schlagwörter, Zitate), die teilweise verfremdet aus der Umgangssprache übernommen werden: So kennzeichnet er die Internetseite der „Kameradschaft Schwerin" mit der Aussage, dass sie „markige Sprüche klopfen" (S. 8), und fügt zwei Wendungen „Das ist zum Lachen" und „Das ist zum Kotzen" in der Ellipse „Mehr zum Lachen als zum Kotzen" (S. 8) zusammen. Ebenso elliptisch und locker im Erzählton ist die redensartliche Wendung „Vorbei mit lustig" (S. 80). Gelegentlich markiert der Ich-Erzähler das Redensartliche einer Äußerung: „Hinterher, heißt es, ist man klüger." (S. 81) Der Rückgriff auf Redensarten bedeutet eine Art Maskerade. Der Erzähler versteckt sich hinter Allgemeinheiten, um so weniger deutlich sichtbar zu sein.

Zu den übernommenen Sprachmustern gehören auch Versatzstücke und Begriffe der sogenannten Lingua Tertii Imperii (LTI), der **Sprache des Dritten Reiches**. Meist werden sie vom Ich-Erzähler als solche gekennzeichnet. Es fällt aber auf, dass sich die Begriffe der LTI glatt und geschmeidig in den Sprachfluss einfügen, wenn etwa von einer „virtuellen Nacht der langen Messer" (S. 11) die Rede ist – ein Ausdruck, der für die Nacht, in der Hitler die SA-Führung und ihren Stabschef Ernst Röhm ermorden ließ, benutzt wurde. Der Autor gestaltet den Umgang mit Versatzstücken der LTI so, dass vor allem der Ich-Erzähler sie übernimmt, und meist geschieht dies in Form von Zitaten aus dem Netz oder von Augenzeugen. Doch er benutzt zum Teil auch ideologische Begriffe und Wendungen wie „Blutzeuge" (S. 146) oder „Tausendjähriges Reich" (vgl. S. 72), ohne eine kritische Distanz deutlich zu machen. Dass Paul den Gebrauch von Begriffen der LTI nicht immer reflektiert, kann als ein Anzeichen dafür gedeutet werden, dass er auch in diesem Bereich keine Überzeugung hat und dass er tatsächlich – wie Gabi es formuliert – „insgeheim rechtsgewickelt" (S. 75) ist.

Störungen des Erzählens: Redeabbrüche und Erzählverzicht

Eine sprachliche Auffälligkeit sind **Aposiopesen**, d. h. **abgebrochene Sätze**. Sie zeigen an, dass dem Ich-Erzähler gelegentlich die Worte fehlen – insbesondere wenn es um die Beschreibung des Leids geht: Als er zu Beginn eine Antwort darauf geben soll, warum die Recherche zur Schiffskatastrophe erst jetzt erfolgt, laufen die Satzanfänge in Ellipsen aus (vgl. S. 7). Dies wiederholt sich, als das Leid der Flüchtlinge erfasst werden soll, wobei hier unklar ist, ob das elliptische Sprechen dem Alten zuzurechnen ist (vgl. S. 99). Dieses sprachliche Mittel kommt zum Einsatz, um eine besondere **emotionale Erregung oder Betroffenheit** des Ich-Erzählers zu verdeutlichen. So stört es Paul offenbar sehr, dass der Alte ein positiv-mystisches Bild von dessen Mutter hat (vgl. S. 193). Aposiopesen finden sich darüber hinaus, als Paul gegen die ihn emotional belastende Legende von seiner Geburt auf der *Löwe* anschreibt (vgl. S. 146) und als er gegen den Verdacht ankämpft, hinter der Internetseite stecke sein Sohn Konrad (vgl. S. 73). Im letzten Fall lassen sich die Aposiopesen auch als direkte Veranschaulichung des stattfindenden Verdrängungsprozesses (vgl. S. 73: „verschüttete Gewißheit") verstehen.

Während sich in Aposiopesen eher ein ungewolltes Verstummen Bahn bricht, drückt sich in der expliziten Aussage, dass die **Worte fehlen**, ein gewolltes Verstummen aus. Es soll im Leser die Reaktion hervorrufen, sich die leidvollen Verhältnisse, die der Erzähler/Berichterstatter nicht beschreiben kann, selbst auszumalen. In diesem Sinne zitiert der Ich-Erzähler seine Zeitzeugin Tulla Pokriefke („Da hab ech kaine Töne fier", S. 136) oder äußert sich direkt: „Ich kann es nicht beschreiben. Niemand kann das beschreiben." (S. 102) Der Erzähler gibt nur noch Hilfestellungen, er berichtet, umschreibt. Das Nachempfinden

Das Leid beim Untergang will der Ich-Erzähler nicht ausmalen.

(Foto: Szene aus dem Film „Nacht fiel über Gotenhafen")

des Leides bleibt dem Leser überlassen. Auch der Alte bestätigt, dass es dem Ich-Erzähler nicht gelänge, das „tausendmalige Sterben [...] in Worte zu fassen“ (S. 139).

Dialekt

Der Autor lässt besonders Tulla Pokriefke im Dialekt sprechen, auf den diese nur bei ihrer Aussage vor Gericht verzichtet. Vereinzelt spricht auch Jenny Brunies Dialekt. Beim Dialekt handelt es sich um das **Danziger Platt** der Jugendzeit Tullas. Es macht die Figuren als Repräsentanten einer vergangenen Epoche kenntlich, verleiht den Passagen ein Zeit- und Lokalkolorit, das sie glaubwürdig werden lässt. Tulla redet als Dialektsprecherin herkunftsbewusst. Der Ich-Erzähler, der mit seiner eigenen Herkunft hingegen große Probleme hat, distanziert sich durch die Dialektzitate von Tulla. Ein auffälliges Beispiel für diese Distanzierung ist Pauls ausdrückliche Gegenüberstellung des Zitats „Auf die Minute jenau als die *Justloff* absoff“ (S. 145) und der eigenen Darlegung des Untergangs.

Vor allem die Aussagen Tullas über die unschuldig sterbenden Kinder wirken im Dialekt befremdlich, nahezu exotisch und dadurch unheimlich. Zugleich bewirkt die humorige Ausstrahlung des Dialekts eine künstlerisch wertvolle Distanzlosigkeit zu Themen, die in der Hochsprache nur sehr mittelbar verhandelt werden können – etwa wenn Tulla von dem Liebesakt „mit Blick auffen Knochenberj“ (S. 151) erzählt. Geradezu belustigend wirkt der Dialekt, als sie von ihrer „Heimwehfahrt“ erzählt, etwa, dass sie den „Schulwej“ ein „paarmal abjelaufen“ sei, „raufunrunter. Kam mir viel kirzer vor diesmal ...“ (S. 206) Komisch wirkt auch die Grass'sche Transkription des Dialekts, beispielsweise die Aussprache von „KdF“ als „Kaadeäff“ (S. 206).

Fachsprache

Grass benutzt in großem Umfang authentisches Material als Vorlage. In der Novelle dient es dem Ich-Erzähler als Recherchequelle und wird so dem Leser zugänglich gemacht. Dabei imitiert er zuweilen die Fachsprache und das Vorgehen der **Historiografie**, etwa wenn er aus Quellen zitiert (vgl. S. 167) oder verschiedene Quellen und Bewertungen einander gegenüberstellt (vgl. S. 28). Auch auf Archive nimmt der Erzähler Bezug: „Im Marinearchiv der baltischen Rotbannerflotte hat sich über das Unterseeboot *M 96* eine Akte gefunden, der zu entnehmen ist, daß …" (S. 76). Der Autor nutzt darüber hinaus **Fachtermini** aus der Sprache der **Computerwelt** („Browser", „Hyperlink", „Mausklick" etc.) und verleiht so der Recherche des Ich-Erzählers sprachlich Wirklichkeitsnähe. Für Grass ungewöhnliche Anglizismen, die zum Teil zu Wortneuschöpfungen umgeformt werden, deuten auf die Vertrautheit des Ich-Erzählers mit dem Vokabular der Internetgeneration (z. B. „Cyberspace-Turner", S. 88).

Bildhaftigkeit

Einprägsame **Bilder** bringen die Erzählabsicht des Autors an vielen Stellen auf den Punkt. Der Vergleich der Geschichte mit einem schlecht spülenden Klo (vgl. S. 116) oder die Feststellung, „der kackbraun aufgehenden Saat diente ein und dasselbe Köpfchen als Mistbeet" (S. 32), sagen mehr als viele Worte. Sie illustrieren das resignative Fazit am Novellenende, dass der Nazismus immer weiter fortlebt.

Metaphorisch verwendete Adjektive oder Verben dienen häufig der Veranschaulichung: So charakterisiert der Ich-Erzähler seine Beziehung zu Tulla indirekt mit der Wendung „nistende Wortwörtlichkeit" (S. 19), um die Beständigkeit ihrer Mahnung, dass er Zeugnis ablegen müsse, zu verdeutlichen. So spricht er auch von Tullas „weißhaarigen Gedanken" (S. 212), um ihr Verharren in alten Denkgewohnheiten zu erfassen. Auch die wiederholte Rede von Pauls (wind)schiefer Existenz (vgl. S. 151) ist ein sprechendes Bild: In ihm fasst Paul all das, was in seinem Leben falsch lief, zusammen und veranschaulicht sein Versagen.

Sprachmerkmale	Funktion
Kontrast zwischen Bericht- u. Erzählstil	• Gegensatz zwischen Anspruch des Alten (künstlerisches Werk) und Anspruch des Ich-Erzählers (Bericht) widerspiegeln
Alltagssprache	• Zugänglichkeit und Glaubwürdigkeit des Erzählten erhöhen • Emotionalität erhöhen, indem beim Leser sprachliche Wiedererkennungseffekte ausgelöst werden
Dialekt	• Direktheit des Erzählens steigern • Komik erzeugen • Tulla charakterisieren
Redeabbrüche und Erzählverzicht	• persönl. Betroffenheit des Ich- Erzählers verdeutlichen • ungewolltes und beabsichtigtes Verstummen erzeugen, damit der Leser sich selbst vorstellt, was nicht sagbar ist
Fachsprache: Historiografie, Fachbegriffe	• Berichtcharakter der Novelle fingieren, um Glaubwürdigkeit zu erzielen • Grauzonen zwischen Fiktion und Faktizität etablieren
Bildhaftigkeit	• häufig: Erzählabsicht und Charakterzüge veranschaulichen

6 Literarische Form

Günter Grass bezeichnet sein Werk als eine Novelle. Bei einer Novelle (von lat. *novus:* ‚neu' bzw. ital. *novella:* ‚Neuigkeit') handelt es sich um eine traditionsreiche Gattung der Epik. Nach **Goethes Novellendefinition** erzählt eine Novelle eine sich ereignete unerhörte Begebenheit. Im Anschluss an diese Definition müsste *Im Krebsgang* als Novelle ein Ereignis erzählen, das Realitätsanspruch erhebt, neuartig und besonders ist.

Welche Begebenheit steht im Mittelpunkt von *Im Krebsgang*? Es liegt nahe, zwei Ereignisse als Mittelpunkte zu lesen: den *Gustloff*-Untergang und den Mord Konrads an Wolfgang. Beide Ereignisse haben die für Novellen typische Außergewöhnlichkeit. Lenkt man den Blick mehr noch auf den Erzähler, so kann als die besondere Begebenheit auch ein anderes Ereignis betrachtet werden, das mit dem Schiffsuntergang direkt verknüpft ist:

Das Datum des 30. 1. wird nicht wegen des Schiffsuntergangs selbst als verfluchtes Datum bezeichnet, sondern weil hier der Ich-Erzähler geboren worden ist, dessen Existenz als „exemplarischer Fall“ (S. 42) bezeichnet wird. Das literarische Alter Ego von Günter Grass verknüpft die Geburt des Ichs mit dem Erzählen: „[D]as Herkommen meiner verkorksten Existenz sei ein einmaliges Ereignis, exemplarisch und deshalb erzählenswert.“ (S. 30) In Goethes Worten formuliert könnte der Satz lauten, das „Herkommen“ des Ich-Erzählers sei eine sich ereignete unerhörte Begebenheit. Das Außergewöhnliche daran ist die **Geburt des Ich-Erzählers in dem Augenblick, als Tausende sterben**. Es ist der zentrale Punkt, auf den hin die Novelle orientiert ist: Die **erste Hälfte** erzählt bis zur Geburt, was zur verkorksten Existenz geführt hat, während die **zweite Hälfte** erzählt, was aus der verkorksten Existenz folgt. Die Gründe für die Verkorkstheit der Existenz werden in zwei Erzählsträngen erzählt, die im verfluchten Datum zusammenführen: erstens im privaten Erzählstrang von der ungewissen Vaterschaft und Tullas Einschiffung auf der *Gustloff* und zweitens im historisch-öffentlichen der Biografien Gustloffs, Frankfurters und Marineskos. Durch die Zusammenführung beider Erzähllinien wird aus der Geburt Pauls während der größten Schiffskatastrophe aller Zeiten ein – wie der Alte sagt – einmaliges und zugleich exemplarisches Ereignis. Die **Einmaligkeit des Ereignisses** liegt in den dramatischen Umständen von **Pauls Geburt**, die Paul dafür prädestinieren, vom Untergang der *Gustloff* zu erzählen. Das Exemplarische kann in Pauls langer Abwehr des Erzählens und Erinnerns gesehen werden, die für die gesamtdeutsche Tendenz in der Nachkriegszeit steht, die *Gustloff*-Katastrophe nicht be- und verarbeitet zu haben. Das Beispielhafte von Pauls Existenz ist insofern sein Versagen vor der persönlichen und der historischen Geschichte – ein Versagen, das das Fortleben des Nazismus in der Gegenwart begünstigt, wie die Entwicklung Konrads zeigt.

Richtet man den Blick auf den Titel der Novelle, mag es verwundern, dass er nicht das erzählte Ereignis (wie Kleists *Das Erdbeben in Chili*) oder den Protagonisten (wie Storms *Der Schimmelreiter*), sondern die Erzählweise bezeichnet. Dies verdeutlicht aber, dass Grass besonderen Wert auf die Art und Weise, wie das Erzählen organisiert wird, also auf die Form, legt.

Die typische **strenge Form der Novelle**, die „als Schwester des Dramas“ (Theodor Storm) häufig dem Fünf-Akt-Schema des klassischen Dramas angelehnt ist, schließt immer auch eine inhaltliche Aussage ein: Wer in einer strengen Form erzählt, unterstellt, dass das Geschehen eine ähnliche Ordnung habe wie die Form. Die meisten Autoren der Moderne schrecken vor solcherlei Ableitungen des Sinnes aus der Form zurück. Sie erkennen in der Historie keinerlei Regelmäßigkeit, die ein Gesetz der Form ableitbar machen könnte. Das unübersichtliche Chaos des Alltags erleben die modernen Autoren zu intensiv, als dass sie in einer strengen Form erzählen könnten. Die Form der Novelle und des klassischen Drama erweisen sich daher oft als untauglich und werden in der Moderne tendenziell von der Erzählung bzw. der Kurzgeschichte und vom Einakter bzw. offenen Drama als flexiblere Formen ersetzt – wie lässt sich Grass’ Werk *Im Krebsgang*, das ausdrücklich als Novelle bezeichnet wird, einordnen?

Zunächst seien die typischen Merkmale der Novelle tabellarisch dem Werk *Im Krebsgang* gegenübergestellt:

Novellenmerkmal	Grass: „Im Krebsgang“
Erzählung mittl. Länge	• mit über zweihundert Seiten deutlich zu umfangreich
Einsträngigkeit der Handlung	• Zweisträngigkeit: Gustloff-Handlung und Konrad-Handlung – keine der Handlungen kann der anderen als Nebenhandlung untergeordnet werden • Ellipsenstruktur (vgl. S. 34 der Interpretationshilfe)
Klarer Handlungsgang mit deutlichem Wendepunkt / Umschlag der Handlung (dramenähnliches 5-Akt-Schema)	• Komplexität der Erzählung in Handlungsführung und Erzählperspektive verhindert die Isolierung eines klar geführten Handlungsgangs • Erzählen im Krebsgang verhindert geradlinige Komposition
Eine Hauptfigur	• der Alte, der die Handlung anstößt, führt sie nicht aus • Ghostwriter / Ich-Erzähler will nicht die Hauptfigur sein • die „heimliche Hauptfigur“ ist Tulla, tritt aber gegenüber dem Alten und Paul in den Hintergrund
Exemplarisch-neuartige Begebenheit, die etwas Allgemeines erzählt / verstehbar macht	• Pauls Geburt und Leben als exemplarischer Versager der dem Krieg und dem Dritten Reich nachgeborenen Generation
Dingsymbol	• die *Gustloff* in ihren versch. Bedeutungen für die Charaktere: Tullas Fixierung auf das Schiff; Pauls Abwehr der Erinnerung / des Erzählens von der *Gustloff;* Politisierung des Schiffs bei Konrad (*Gustloff* als politisches Symbol), am Ende die *Gustloff* nur noch Modellbausatz • das Gustloff-Denkmal als ein immer wieder auftretendes Dingsymbol: Grund für Tullas Entscheidung, in Schwerin zu bleiben (vgl. S. 164); Ort des Erinnerns für Tulla (vgl. S. 91); Wiedererrichtung ein Ziel von Konrads Handeln (vgl. S. 192); Ort des Mordes

Die Auswertung der Tabelle zeigt, dass sich *Im Krebsgang* rein numerisch nicht der Idealform der Novellengattung zuordnen lässt, weil sie nur die Merkmale „Dingsymbolik“ und „exemplarisch-neuartige Begebenheit“ erfüllt. Allerdings hat Grass die Gattungsbezeichnung, die auf dem Umschlag der Hardcoverausgabe noch fehlt, der Taschenbuchausgabe hinzufügen lassen. Es ist angebracht, darüber nachzudenken, was ihn dazu bewogen haben könnte. Hier ist es von besonderem Interesse, dass er die Novellenform in der Novelle selbst thematisiert – und dabei ironisiert:

Zunächst wird die **Novellenform im Titel behauptet**: „*Im Krebsgang*. Eine Novelle". Innerhalb der Novelle jedoch zeigt sich immer wieder, dass das für die Novelle notwendige **kunstvolle Erzählen** nicht stattfindet. Zwar wird in Kapitel zwei der Lebenslauf des Ichs als „exemplarisch und deshalb erzählenswert" (S. 30) bezeichnet, die literarischen Schreibfähigkeiten des Ich-Erzählers aber mit dem Hinweis, bei ihm „reiche es allenfalls zum Kolportageroman" (S. 30), als unzureichend abqualifiziert. Eine literarische Ausgestaltung als Novelle lässt dies nicht erwarten.

In einem der Arbeitsgespräche geht es sogar explizit um die Frage, ob das Erzählte der Form der Novelle gerecht zu werden vermag. Der Alte bemerkt, dass der „Bericht" des Ich-Erzählers das „Zeug zur Novelle" (S. 123) hätte. Entgegen dieser „literarische[n] Einschätzung" (S. 123) beharrt der Ich-Erzähler auf dem **Berichtscharakter** seiner Ausführungen und lehnt damit die Einordnung als Novelle ab. Falls man dennoch davon ausgehen will, dass der Text novellistische Form hat, dann ist sie jedenfalls **unabsichtlich** zustande gekommen.

Bezieht man noch das letzte Kapitel mit ein, so kann man auch das Verbot des Alten, ins Innere der Figuren zu dringen, und sein Gebot, so „sparsam mit Worten" (S. 200) schneller zum Schluss zu kommen, als Hinweis auf seinen Wunsch lesen, dass eine Novelle entstehe. Denn die Reduktion auf das Wesentliche ist ein wichtiges Merkmal der tradierten Novellenform. Mit seinen insgesamt 216 Seiten ist *Im Krebsgang* allerdings für eine Novelle eher zu lang, auch wenn der Ich-Erzähler am Ende auf ausführliche Psychologisierung verzichtet, um die Erzählung schneller abzuschließen. Und von einer Konzentration auf das Wesentliche ist auch insofern kaum zu sprechen, als bei dem „Wust [s]einer Unterlagen", diesem „Zettelkram" (S. 176), kaum von einer entsprechenden Übersichtlichkeit auszugehen ist. Deshalb ist auch in der Anwendung des Zitats des Alten (vgl. S. 199 f.) auf den Bericht des Ich-Erzählers eine **ironische Distanzierung zur traditionellen Novellenform** versteckt. Pointiert wird dieser **Widerspruch von Anspruch und Umsetzung** im Gegenüber des Titels *Im Krebsgang*, der den nicht novellistisch geradlinigen Erzählstil auf den Begriff bringt, und der Gattungsbezeichnung selbst: Eine Novelle.

Auf diese Weise ironisiert und infrage gestellt, besteht die Novelle als Form nur noch als ihr eigenes Zitat fort. Sie stellt sich als metafiktionales und metanarratives Gebilde dar, dessen formale Novellenhaftigkeit zwar eingefordert, aber nicht – jedenfalls nicht nach dem gebräuchlichen Novellenverständnis – eingelöst wird. Mit der selbstreferentiellen Konstruktion der Novelle *Im Krebsgang* als ihr eigenes Zitat kommt die Entwicklung der Novelle in der **Postmoderne** an.

7 Interpretation von Schlüsselstellen

Der Anfang der Novelle (S. 7–9)

Blättert der Leser die ersten Seiten der Taschenbuchausgabe um, teilen sich ihm nacheinander folgende Informationen mit: Günter Grass hat eine Novelle mit dem Titel *Im Krebsgang* geschrieben. Dem Text stellt er die Widmung „in memoriam" voran, was übersetzt „Im Gedenken" heißt. Die übliche Namensnennung der Menschen, deren gedacht werden soll, fehlt. Günter Grass – so lässt sich schließen – möchte mit der Novelle an Ungenannte erinnern. Nach der Kapitelzählung „1" folgt der erste Satz: „‚Warum erst jetzt?', fragte jemand, der nicht ich bin." (S. 7)

In diesem Anfang sind, wenn alle Informationen zusammengenommen werden, zwei Aussagen enthalten. Erstens besteht ein Versäumnis im Gedenken an nicht genannte Menschen, das nachgeholt werden muss. Zweitens gibt es für dieses Versäumnis einen Grund, der nicht mehr gelten darf, sodass der Ungenannten hinfort gedacht werden wird. „Wer sind die Ungenannten?" und „Wie wird ihrer von nun an gedacht?" sind also die **Leitfragen**, die sich aus dem Anfang ergeben und erst nach und nach im Verlauf der Erzählung beantwortet werden.

Der Fragesatz zu Beginn der Novelle ist ein Zitat. Er ist sehr ungenau formuliert, weil die wesentliche Sachinformation, was denn nun erst jetzt geschehe, ausgespart bleibt. Den einzigen Hinweis auf das Versäumte erhält der Leser aus der Widmung. Die scheinbar unachtsame Formulierungsweise setzt sich fort: „sagte jemand, der nicht ich bin". Auch hier werden Informationen verschwiegen, jedoch diesmal nicht, indem sie weggelassen werden, sondern indem das Gemeinte negativ umschrieben wird: der nicht ich bin. Der Leser erfährt also nicht, wer zitiert wird, sondern wer nicht zitiert wird.

Die Ansätze zu einer Antwort auf die Eingangsfrage bleiben bruchstückhaft, deuten auf eine **Erzählblockade** beim Ich-Erzähler hin und weisen bereits auf einige Aspekte und Motive voraus, die in der Novelle eine Rolle spielen werden: auf die Mutter des Ich-Erzählers, auf das Motiv der schreienden Kinder und auf die Schwierigkeit, die Wahrheit zu erzählen. Dieser andeutungsreiche Erzählbeginn erzeugt beim Leser Spannung. Der in der Frage liegende dialogische Anfang der Novelle wird im Folgenden insofern fortgeführt, als der Jemand gegen die Erzählschwierigkeiten des Ichs dessen Beruf, den Journalismus, ins Feld führt. Schon zu diesem frühen Zeitpunkt erfährt der Leser von der **politischen Haltungslosigkeit des Ich-Erzählers**, der ohne weitere Probleme von einer eher rechtsgerichteten Springer-Zeitung zur linken „taz" gewechselt hat.

Dem Einwand des Jemand begegnend, betont der Ich-Erzähler den Unterschied zwischen solcher journalistischer Arbeit und dem Erzählprojekt, das er aufgetragen bekommt: Er begründet seine Erzählschwierigkeiten damit, dass die eigene „schiefe" Existenz mit dem Untergang eines hier noch nicht näher benannten Schiffs zusammenhängt. Auch hier bleibt der Ich-Erzähler höchst **andeutungshaft**.

Der Ich-Erzähler nimmt den Erzählauftrag an, stellt ihn aber in eine Reihe mit journalistischer Auftragsarbeit, wenn er formuliert, dass er „abermals jemand zu Diensten" (S. 7) sei. Sein Erzählen geht – so lässt sich schließen – weniger auf eine reflektiert getroffene Entscheidung zurück als auf einen äußeren Zwang. Entlastend wirkt offenbar die Tatsache, sich zunächst nicht mit sich selbst beschäftigen zu müssen, sondern einen Blick in die historische Vergangenheit werfen zu dürfen. Schon hier zeigt sich, dass der Ich-Erzähler die Auseinandersetzung mit der **eigenen Identität** scheut – ein wichtiges Thema des Textes.

Bei seinen Internetrecherchen zu Schwerin, dem Ausgangspunkt des zu erzählenden historischen Geschehens, stößt der Ich-Erzähler auf die rechtsradikale Website *www.blutzeuge.de*, deren Inhalte er mehr „zum Lachen als zum Kotzen" (S. 8) findet. Erneut ohne nähere Auskünfte zu geben, worum es eigentlich genauer geht, spielt der Ich-Erzähler auf den „Blutzeugen" an, dessen Identität sich dem Leser erst später erschließen wird. Das Thema des Erzählens bleibt nur konturenhaft, die Art und Weise des Erzählens reflektiert der Erzähler in der – vom nicht vorinformierten Leser kaum zu entschlüsselnden – Überlegung, ob er im Krebsgang erzählen solle (vgl. S. 8). Sowohl das Thema als auch die Art und Weise des Erzählens bleiben insofern unbestimmt und werden sich erst im weiteren Verlauf des Textes erschließen. Auch der Abschluss des ersten Abschnitts bleibt chiffrenhaft, sofern man nicht weiß, worum es in Grass' Werk geht: Eine Annäherung an das historische Ereignis des *Gustloff*-Untergangs erlauben zumindest die Ortbestimmung „Ostsee" und die Zeitbestimmung „schon vor länger als einem halben Jahrhundert" (S. 9). Dass allerdings keine historiografische Wiedergabe von geschichtlichen Ereignissen erfolgen wird, das verdeutlicht die hier unpassende unwissenschaftliche Redensart „zu etwas Ja und Amen sagen“ (S. 9).

Insgesamt gesehen ist dieser Erzählbeginn von einer großen **Unbestimmtheit** geprägt, die sich nicht zuletzt Wörtern wie „jemand“ (S. 7) oder unbestimmten Artikeln wie bei „einem Schiffsnamen“ (S. 8) verdankt. Dieser Erzählbeginn verlangt dem Leser Geduld ab und bereitet durch seine Andeutungshaftigkeit bereits auf die **Komplexität** des folgenden Textes vor, der der Aktivität des Lesers bedarf: Er muss die gegebenen Informationen zu einem Bild zusammenfügen, indem er vernetzend liest. Es kündigt sich hier schon an, dass die zu erzählenden Geschichten, sowohl die historische Geschichte als auch die persönliche Geschichte des Ich-Erzählers, zu kompliziert sind, als dass sie sich einem **einsträngig-klaren Erzählen** fügen würden.

Der Wunsch nach einer anderen Existenz (S. 142–144)

Paul – in jeder Hinsicht mittelmäßig – lebt in der „Versenkung“, seine „verkorkste Existenz“ verdankt sich seinem einmaligen „Herkommen“, das – exemplarisch und einmalig – erzählenswert sei (vgl. S. 30). Die interpretierte Stelle handelt vom Wesen dieser Existenz Pauls, die als Kern der Novelle verstanden werden kann.

Der Textausschnitt befindet sich im 6. Kapitel der Novelle und hat Pauls Geburt während des Untergangs zum Thema. Die Funktion der Textstelle ist es, Pauls **gebrochenes Verhältnis zu seiner Identität**, seiner Herkunft und dem daraus folgenden Leben, im Wunsch zu verdeutlichen, ein anderer Mensch zu sein.

Der Ausschnitt beginnt mit Pauls markantem Ausruf „Wünsch dir was!“, der eine erhöhte **Emotionalität** des Ich-Erzählers anklingen lässt. Der Ich-Erzähler wäre gerne nicht von seiner Mutter, sondern von unbekannten Eltern geboren worden: „Mutter Unbekannt“ und „Vater Gibtesnicht“ (S. 143). Als ein solches Findelkind wäre er „der letzte Überlebende der

Wilhelm Gustloff" (S. 143). Der wesentliche Grund für den Wunsch, die Existenz des Findelkindes anzunehmen, besteht in der Adoption durch das ansonsten kinderlose Ehepaar Fick. Oberbootsmaat Werner Fick dient auf dem Vorpostenboot VP 1703, das zur Seenotrettung an die Unglücksstelle gekommen ist. Er findet den unbekannten, in ein hartgefrorenes Bündel gewickelten Säugling neben den Leichen einer erfrorenen Frau und eines Mädchens in einem Rettungsboot. Paul malt sich seinen **Werdegang als Adoptivkind** keineswegs in rosigen Farben aus, sondern parallel zur eigenen Geschichte und der der ehemaligen DDR. Die wesentlichen Unterschiede zu der eigenen Kindheit und Jugend liegt in Pauls Vorstellung, er wäre „gehätschelt" und „umsorgt" worden und hätte „Vater und Mutter" und nicht nur seine Mutter gehabt. Tiefgehender aber ist sein Wunsch, sich des **belastenden Geburtsdatums** zu entledigen und „an einem nicht zu benennenden Tag" (S. 143) geboren zu sein. Dass er das Datum als „fatalen 30. Januar" (S. 143) bezeichnet, ist insofern signifikant, als im Adjektiv der Begriff des Schicksals (lat.: fatum) mitschwingt. Paul begreift seine Geburt in der Nacht des Untergangs als ein Schicksal, aus dem es keinen „Fluchtweg" (S. 144) gibt. Denn mit diesem besonderen Geburtsdatum lastet eine Vergangenheit auf Paul, die er zu erzählen gedrängt wird – von seiner Mutter, aber auch vom Alten. Diese Vergangenheit ist unter anderem deshalb beklemmend, weil sie familiär vorbelastet ist – denn seine Großeltern brachten den Nationalsozialisten Sympathien entgegen, da sie von den KdF-Reisen mit der *Gustloff* begeistert waren.

Dabei erfährt er nicht nur sich selbst als fehlerhaft, sodass er gerne ein anderer Mensch wäre, sondern der Makel besteht offenbar vor allem in der Person der Mutter Tulla. Im nächsten Abschnitt wird die Geburt als ein Vorgang beschrieben, bei dem der Ich-Erzähler ‚aus dem Loch kriecht' (vgl. S. 145). Durch diese Formulierung wertet Paul das Ereignis der Geburt, aber auch den Körper seiner Mutter ab. Dafür, dass er am Schicksalsdatum des 30. Januar geboren wird und ihm nicht die unbelastete Existenz eines Findelkindes ohne bestimmbare Herkunft gewährt wurde, erlaubt sich der Ich-Erzähler die „verfluchte Vorsehung" (S. 144) ins Feld zu führen – ein Erklärungsansatz, den er zuvor noch in Bezug auf historische Zusammenhänge als „Klitterung" (S. 118) abwertete. Offenbar sucht der Ich-Erzähler nach höheren Gründen für die belastende Beziehung zwischen ihm und seiner Mutter.

Aber worin liegt die Belastung konkret, die Paul hier und an weiteren Stellen beschwört? Was in der Person Tullas überschattet sein Leben derartig, dass er es als Gefängnis erlebt? Paul wird doch keineswegs durch seine Mutter in seinen freien Entscheidungen beeinträchtigt. Sie ermöglicht ihm die Flucht in den Westen, sie sorgt für eine monatliche Unterstützung während seines Studiums, sie verdient ihren Lebensunterhalt selbst, sie nimmt seine Zeit nicht durch Pflegebedürftigkeit in Anspruch, sie spioniert ihm nicht nach. Einen Teil der Belastung macht aber sicherlich ihr Anspruch aus, dass Paul das Unglück der *Gustloff* aufschreibe. Liegt dieses Ansinnen auch nahe, da es sich doch um das größte Schiffsunglück der Geschichte handelt, dies die Geburtsstunde Pauls war und Paul selbst ein Journalist, also ein Schreiber, ist, so empfindet Paul dies doch als starke Beeinträchtigung. Die Beharrlichkeit, mit der Tulla von ihrem Sohn fordert, dass er die Katastrophe aufschreibe, und ihre unaufhörliche Thematisierung des Unglücks tragen zu Pauls schlechtem Verhältnis zu seiner Mutter bei. Er kann und will ihre Erwartungen nicht erfüllen. Insofern erzählt *Im Krebsgang* von einem **intergenerationellen Rollenkonflikt**. Als Tulla bemerkt, dass Paul der von ihr bestimmten Rolle nicht entspricht, wendet sie sich von ihm ab. Sie nennt Paul einen Versager, weil sie von seinem Lebensweg enttäuscht ist. Sie überträgt ihre Hoffnungen auf Konrad, und dieser nimmt sich des Erzählprojekts auf verhängnisvolle Weise an. Auch Paul selbst sieht sein Leben als weitgehend verfehlt an. Sein Wunsch, ein anderer zu sein, ist Ausdruck dieser Ansicht. Nicht nur diese Textstelle verdeutlicht, dass Paul seiner Mutter an dieser „Verkorkstheit" seiner Existenz eine ausschlaggebende Rolle beimisst. Überträgt man diese persönliche Ebene auf die historischen Zusammenhänge, dann lässt sich Pauls „Findelkind"-Vision auch als literarische Verdeutlichung einer typischen Reaktion auf die Aufforderung lesen, sich mit der politisch-historischen Vergangenheit des Nationalsozialismus auseinanderzusetzen: So wie viele Deutsche nach dem Zweiten Weltkrieg keine Aufarbeitung der Geschichte wollten, äußert sich in Pauls Vision von der eigenen Herkunftslosigkeit seine **Abwehr der Verantwortung**, die Vergangenheit aufzuarbeiten – eine Verantwortung, die sich aus der Linie der Vorfahren ergibt.

Tulla vor Gericht (S. 179–182)

Der Prozess gegen Konrad findet vor der großen Jugendkammer im Schweriner Landgericht am Demmlerplatz statt. Tulla Pokriefke sagt als „Zeugin der Verteidigung" (S. 181) aus. Sie spricht auf Hochdeutsch, das der Ich-Erzähler als ein wenig „gestelzt" (S. 179) und „betont gewählt" (S. 181) bezeichnet. Sie tritt wie eine Diva auf, um den Hals trägt sie den Fuchspelz. Mit Pathos, das Paul in Begriffen aus dem **religiösen Wortfeld** beschreibt, durchbricht Tulla das Frage-Antwort-Ritual, das bei gerichtlichen Verhören üblich ist. Sie nimmt den Staatsanwalt „ins Gebet" und spricht, als stünde sie vor einer „Pfingstgemeinde", wenn sie sagt, die „schreckliche Tat sei auch ihr schmerzlich zugefügt worden" (S. 179). Das Bild von dem Schwert, das sie zweiteile (vgl. S. 180), erinnert an das Bild vom Schwert, das Maria durch die Seele fährt, als sie unter dem Kreuz steht und den Martertod ihres Sohns beweint. Das Bild der Jungfrau und Gottesmutter mit dem Schwert, das ihre Brust durchbohrt, findet sich in nahezu jeder katholischen Kirche und ist ein zentrales Motiv des „Stabat Mater". Mit dem Zitat dieses Motives stilisiert Tulla ihren Enkelsohn Konrad zum stellvertretenden Opfer für die gute Sache, mit der konkret die Erinnerung an den KdF-Liner und die Toten des Untergangs gemeint ist.

Mater Dolorosa (Altardarstellung in der alten katholischen Pfarrkirche St. Aurelius)

Es ist für den Umgang des Autors Grass mit dem Nationalsozialismus in der Novelle bezeichnend, dass das rechte Gedankengut **nur selten deutlich greifbar** wird; es durchsickert die Reden Tullas indirekt, wie beispielsweise in der Pervertierung des Motivs vom Schwert, das die Seele der Mutter / Großmutter beim Opfer ihres Sohnes durchdringt. Dass Tulla das Motiv benutzt, um ihrer Trauer über den Tod Wolfgangs Ausdruck zu verleihen, kann kaum angenommen werden, weil Tulla bis zur Stelle, an der ihr erklärt wird, Wolfgang sei kein Jude, von Wolfgangs Tod nicht sonderlich schockiert gewesen ist.

Insgesamt legt es Tulla darauf an, **Konrad in gutem Licht** erscheinen zu lassen: „[F]leißig und höflich, sauberer als sauber, allzeit hilfsbereit und überaus pünktlich" (S. 180) sei er immer gewesen. Einen schlechten Einfluss unterstellt sie den lieblosen Eltern Gabi und Paul und „bösen Mächten" (S. 180). Besonders positiv stellt sie Pauls Interesse für die *Gustloff* dar. Mit der Feststellung, das Schiff sei „Anlaß für nie ermüdendes Fragen" (S. 180) geworden, **suggeriert** sie **wissenschaftlich-redliches Interesse** des Jungen und darüber hinaus den eigenen aufklärerischen Ansatz. In Tullas Worten wirkt Konrads Internetseite wie eine objektive Darstellung der historischen Geschehnisse. Ihr suggestive Frage „Das ist ja nicht verboten, Herr Richter. Oder?" (S. 181) setzt beim Gegenüber ein Einverständnis voraus, das keinen Wiederspruch gelten lassen will. Gestisch unterstreicht Tulla ihre Äußerung, indem sie den Kopf des Fuchspelzes „in zentrale Position" (S. 181) rückt. Einige von Tullas pathetischen Wertungen werden als Zitate in den Text montiert und entfalten so eine besonders groteske Wirkung. Davon, dass Konrad auf der Internetseite handfeste Geschichtsfälschungen verbreitete, sagt Tulla vor Gericht nichts, stattdessen lobt sie beispielsweise seine „unbeugsame Wahrheitsliebe" (S. 181) – sie stilisiert ihn zum unerschütterlichen Verfechter historischer Wahrheit. Tullas Äußerungen qualifiziert Paul später als „füchsische[] Beteuerungen" (S. 182) und kennzeichnet damit den Ansatz der Großmutter als schlau. Inwieweit Paul ihre Äußerungen damit auch als hinterhältig wertet, ist nicht mit Sicherheit auszumachen.

Der Umstand, dass Tulla betonen muss, „wie wenig es ihr ausmache, daß Konrads Computerfreund ein Judenjunge gewesen sei" (S. 181), ist verräterisch und kann als indirekter Hinweis auf ihren **sublimen Antisemitismus** gelesen werden. Ihre Beteuerung dient dazu, Konrad vom noch nicht geäußerten Vorwurf des Antisemitismus zu entlasten. Die vorauseilende Entschuldigung zeigt, wie natürlich Tulla mit der Anschauung des Antisemitismus verwachsen ist. Sie zeugt aber auch von Tullas Wissen, dass diese Anschauung eine Angriffsfläche bietet, die sie in jedem Fall vermeiden will. Wieder erzählt Grass sehr indirekt von der tief reichenden Verwurzelung seiner Figuren im nationalsozialistischen Gedankengut.

Über den Irrtum, dass David / Wolfgang kein Jude war, aufgeklärt, gerät Tulla „sichtlich in Erregung" (S. 181) und hat kurzzeitig ihren „Binnichtzuhauseblick" (S. 181), der sie überkommt, wenn sie von Erinnerungen an die Vergangenheit im Dritten Reich emotional überfordert ist. Tulla fällt aus der bisher mit schauspielerischem Talent ausgefüllten **Rolle**, wie nicht zuletzt der Wechsel in den Dialekt anzeigt. Anstatt weiterhin mit wohlgewählten Worten die guten Eigenschaften ihres Enkels hervorzuheben, beschimpft sie nun das Opfer von Konrads Tat. So nennt sie den Erschossenen einen „falsche[n] Jud", „jemainen Liegner" und „falschen Fuffzjer" (S. 182). Die Enthüllung entreißt Tulla dabei insofern aufschlussreiche Worte, als sie äußert, was für sie die Juden ausmacht – und zwar, dass sie „immer nur von onsre Schande" (S. 181) reden. Mit ihrem unkontrollierten, gegen Wolfgang gerichteten Ausbruch zeigt Tulla ihr wahres Gesicht. Ihre Äußerungen tendieren dazu, die **Täter-Opfer-Logik umzukehren**: Es wirkt so, als sehe Tulla das Opfer in Konrad und nicht in Wolfgang. Insgeheim scheint Tulla der Auffassung zu sein, Wolfgang alias David habe den Mord dadurch auf sich gezogen, dass er durch die wiederholte Erwähnung der „Schande", womit der Holocaust gemeint ist, provozierte. Für Tulla musste er offenbar mit Gegengewalt als Antwort auf diese – wie sie es erlebt – verbale Gewalt, rechnen.

Anstatt den Mord an Wolfgang als die individuelle Fortführung nazistischer Vernichtungspolitik zu verurteilen, nimmt sie Konrad so in Schutz. In Tullas Äußerungen potenziert Grass die „Schande", indem er sie Wolfgang als einen Lügner beschimpfen lässt. Nachdem der Richter Tulla wegen der Beschimpfungen des Opfers das Wort entzogen hat, wendet sich der Ich-Erzähler dem Täter Konrad zu, der wie schon zuvor Überlegenheit ausstrahlt. Unbeeindruckt vom ironisch vorgelegten „Nachweis arischer Herkunft" betont Konrad die **Prinzipienhaftigkeit** seines Entschlusses, Wolfgang zu erschießen. Entgegen der Aussagen der Großmutter, die Konrad als irregeleitetes Opfer seiner Umstände (seiner Eltern, böser Mächte und der Lüge Wolfgangs) darstellen möchte, um damit die Verantwortlichkeit für seine Tat zu relativieren und auf ein mildes Urteil hinzuwirken, übernimmt er selbstbewusst die volle Verantwortung für seine Tat.

Tulla findet indessen rasch zu ihrer Listigkeit zurück: Selbst noch bei der Frage nach der Tatwaffe versucht sie ihren Enkel in ein positives Licht zu rücken, indem sie darauf verweist, dass sie die Tatwaffe nicht hätte finden können, da doch ihr ordentlicher Enkel sein Zimmer selbst aufräume (vgl. S. 182) – kein Wort davon, dass die Waffe ihr Geschenk an Konrad war. Diesen Umstand erwähnt sie erst nach dem Prozess, als sie deutlich machen will, dass der Gerechtigkeit halber sie zur Rechenschaft gezogen gehöre, nicht Konrad (vgl. S. 198). Die spätere **Urteilsfindung** der Richter zeugt im Übrigen davon, wie sich die **Blindheit** seiner Figuren **gegenüber dem nazistischen Gedankengut** fortsetzt. Zum einen bleibt im Urteil die Äußerung von rechtsradikalem Gedankengut ungeahndet, die eigentlich eine Straftat darstellt. Zum anderen wird Konrad nur wegen Totschlags und nicht wegen Mordes verurteilt, was aufgrund des fremdenfeindlichen Hintergrunds der Tat offenbar angemessener gewesen wäre, wenn man Pauls journalistischer Einschätzung folgt (vgl. S. 197).

Tullas Auftritt vor Gericht zeigt, dass nazistisches Gedankengut nicht immer an der Oberfläche klar sichtbar ist, sondern untergründig fortlebt. Man überliest es und überhört es leicht. Grass verzichtet darauf, einen plumpen und offensichtlichen Nazismus in Gestalt typenhafter Figuren zum Ziel seiner Kritik zu machen. Vielmehr verleiht er seinen Figuren eine **unverwechselbare, individuelle Prägung**. Nazismus kennzeichnet er als eine schwelende Gefahr unterhalb der Oberfläche, eine Gefahr, die sich in dem einen mehr und im anderen weniger ausprägt und die gerade aufgrund ihres sublimen Charakters der kritischen Aufmerksamkeit des Menschen bedarf.

Rezeption und literaturgeschichtliche Einordnung

Bereits vor der Auslieferung der Novelle erschienen Besprechungen in Fernsehen, Rundfunk und Print-Medien. Eine Woche nach Erscheinen waren 250 000 Exemplare verkauft oder vom Buchhandel geordert. Übersetzungen in zehn Sprachen wurden vereinbart. Dieses **überwältigende Echo** ist der Kombination aus Prominenz des Autors und Brisanz des Themas zu verdanken.

Allerdings wurde *Im Krebsgang* **kontrovers** aufgenommen. Die Rezensionen lassen sich in ein ablehnendes und ein zustimmendes Lager aufteilen, wie es Volker Hage im Spiegel tut: *Spiegel* und *FAZ* stimmen zu, *Süddeutsche Zeitung, Neue Zürcher Zeitung* lehnen ab.[6] Zur ersten Seite gehören noch *Die Welt*, zur zweiten *Die Zeit* und andere. Oft wird die Person Günter Grass nicht vom besprochenen Werk getrennt. Ansichten der Figuren aus dem Werk werden dem Autor unterstellt, was möglicherweise auf die Erzählinstanz des Alten zurückzuführen ist, dem Grass autobiografische Züge verliehen hat.

Gestritten wurde darüber, ob die Novelle eher **als politisches oder als literarisches Werk** zu lesen sei. Das politische Engagement des Autors gegen den Rechtsextremismus wird gelobt, indem die pädagogische Botschaft der Novelle herausgestrichen wird. Andreas Pechts Statement in der Rhein-Zeitung steht stellvertretend für den Ansatz in manchen Rezensionen, den politischen gegen den literarischen Aspekt auszuspielen; es seien „zwei getrennte Urteile über *Im Krebsgang* abzugeben: ein politisches und ein literarisches“. Die Novelle sei ein „wunderbar formuliertes Sachbuch“, daher politisch wertvoll, aber auf der literarischen Seite fiele eben dieses Übergewicht im Dokumentarischen und Pädagogischen unangenehm auf.[7] Die **literarische und ästhetische Qualität** wird von Ulrich Raulff als „dürftig“ bemängelt.[8] Bei den Angriffen auf die formale und stilistische Gestaltung der Novelle wird oft übersehen, dass die vielfachen Perspektiven und Brüche, die sich durch Pauls Erzählen ergeben, literarisches Kalkül sind. Ausdrücklich gewürdigt wird dieses Kalkül von Rolf Schneider: „Die Wahl des Ich-Erzählers erweist sich als Glücksgriff. Die mürrische Ratlosigkeit des Journalisten Paul Pokriefke angesichts der zu schildernden Vorgänge schließt jedes billige Moralisieren aus.“[9] Genau diese erzählerische Konstruktion der „doppelten Brechung“ verhindere, so kritisiert Roman Bucheli, dass Grass das Elend von Flucht und Vertreibung überhaupt zum Thema mache, vielmehr sei das Thema der Novelle, was aus der Geschichte wird, wenn sie nicht vom „für sie prädestinierten Autor“ erzählt werde. Grass, prädestiniert, erzähle, dass er nicht erzähle, sondern vielmehr betreibe die Novelle „in ihren einprägsam-schlichten Denkfiguren politischen Anschauungsunterricht“[10], d. h. sie erkläre, statt in starken Bildern zu erzählen.

Die schärfste Ablehnung erfuhr die Novelle in der *taz*, für die Paul Pokriefke in Grass' Fiktion einige Jahre geschrieben hat. Dirk Knipphals formuliert drei Thesen: Die Novelle sei „zum einen ein literarisch tapeziertes historisches Feature um die Versenkung eines Schiffes [...]. Zum anderen ist es ein oberflächliches Traktat darüber, wie die NS-Ideologie immer wieder an die gesellschaftliche Oberfläche kommt. Zum dritten ist es eine seltsam verrutschte, immer nur wieder angerissene und im Ganzen erzählerisch versenkte Familiengeschichte.“[11]

Dieses Urteil wird von zwei prominenten Stimmen aus dem **Ausland** nicht geteilt. John Updikes und J. M. Coetzees Rezensionen werden im *Spiegel* referiert.[12] John Updike habe sich von der Mischung aus Fakten und Fiktion überzeugt gezeigt, während Coetzee den hartnäckigen Einsatz des Autors Günter Grass für die Demokratie als Indiz dafür gesehen habe, Grass sei der Richtige, um das Elend von Flucht und Vertreibung zu erzählen.

Zusammenfassend lässt sich sagen, dass die **Kritik insgesamt ausgewogen** ausgefallen ist. Auf der einen Seite wurde die stilistische Qualität der Novelle bemängelt sowie der Vorwurf formuliert, *Im Krebsgang* erzähle am Leid der Flüchtlinge vorbei. Auf der anderen Seite wird der Gegenwartsbezug gelobt, der die *Gustloff*-Katastrophe mit dem aktuellen Rechtsradikalismus verknüpft. In diesem Zusammenhang wird positiv bemerkt, dass die anspruchsvolle Erzähltechnik den chronologischen Ordnungsrahmen Vergangenheit, Gegenwart, Zukunft als realitätsferne Illusion entlarve und so vor der Wiederholbarkeit des Grauens warne.

Literaturgeschichtlich ist der Autor Günter Grass der sich in der Nachkriegsgeschichte besonders in den 60er-Jahren entwickelnden politisierenden Literatur zuzuordnen. Der Zweifel an jeder Form von Ordnung und Autorität hatte für viele Autoren nach dem Zusammenbruch des Dritten Reiches und damit auch der propagandistisch missbrauchten Literatur hohe Gültigkeit. Die Literatur war moralisch engagiert und zugleich skeptisch grundiert. Der Zweifel war ihre Methode. Grass' Novelle *Im Krebsgang* knüpft an dieses skeptische und zugleich moralisch-politische Schreiben an, macht sich dabei aber mit der Figur des Alten Strategien des **postmodernen Erzählens** zu eigen.

Literaturhinweise

Verwendete Ausgabe

Grass, Günter: *Im Krebsgang.* Eine Novelle. 6. Aufl. München, dtv 2011. (Textzitate und Seitenangaben folgen dieser Ausgabe)

Weiterführende Literatur

Biografien

JÜRGS, MICHAEL: *Bürger Grass.* Biografie eines deutschen Dichters. München, Bertelsmann 2002.

MAYER-ISWANDY, CLAUDIA: *Günter Grass.* München, dtv 2002.

VORMWEG, HEINRICH: *Günter Grass.* Reinbek, Rowohlt 2002.

Einführung in das Werk von Günter Grass

NEUHAUS, VOLKER: *Schreiben gegen die verstreichende Zeit. Zu Leben und Werk von Günter Grass.* München, dtv 1997.

STOLZ, DIETER: *Günter Grass zur Einführung.* Hamburg, Junius 1999.

Gattungsgeschichte und -theorie der Novelle

AUST, HUGO: *Novelle.* 3. Aufl. Stuttgart, Metzler 1999.

KUNZ, JOSEF (Hrsg.): *Novelle.* 2. wesentl. veränd. und verbess. Aufl. Darmstadt, Wissenschaftliche Buchgesellschaft 1974.

Deutsche Literatur nach 1945

EGYPTIEN, JÜRGEN: *Einführung in die deutschsprachige Literatur seit 1945.* Darmstadt, Wissenschaftliche Buchgesellschaft 2006.

Quellen

SCHÖN, HEINZ: *Die Gustloff-Katastrophe. Bericht eines Überlebenden über die größte Schiffskatastrophe im Zweiten Weltkrieg.* 6. Aufl. Stuttgart, Motorbuch 2002.

Ausgewählte Sekundärliteratur

ARNOLD, HEINZ LUDWIG: *Günter Grass' Im Krebsgang*, in: Die sieben Göttinger Literaturtipps der TEXT + KRITIK Redaktion.

GRAMBOW, JÜRGEN: *Tulla Pokriefkes Wiederkehr.* In: NDL (Neue deutsche Literatur) 2002, Nr. 4, S. 135–139.

SBARRA, STEFANIA: *Die Entkonkretisierung der Zeitgeschichte im Familienalbum. Günter Grass' „Im Krebsgang"*, in: Weimarer Beiträge. Zeitschrift für Literaturwissenschaft, Ästhetik und Kulturwissenschaften. Hrsg. v. Peter Engelmann. 51. Jg., Wien, Passagen 2005, Nr. 3, S. 376–390.

WASSMANN, ELENA: *Die Novelle als Gegenwartsliteratur. Intertextualität, Intermedialität und Selbstreferentialität bei Martin Walser, Friedrich Dürrenmatt, Patrick Süskind und Günter Grass.* St. Ingbert, Röhrig 2009.

Anmerkungen

1 Günter Grass im Interview. In: Der Stern 8/2002.
2 ebd.
3 Günter Grass im Gespräch mit Heinrich Vormweg, in: Vormweg, Heinrich: Günter Grass. Rowohlt, Reinbek 2002, S. 84.
4 ebd., S. 48.
5 ebd., S. 152.
6 Hage, Volker: *Unter Generalverdacht.* In: Der Spiegel v. 8. April, Nr. 15, 2002, S. 178–181.
7 Pecht, Andreas: Deutsches Dokumentarspiel. In: Rhein-Zeitung v. 7. 2. 2002.
8 Raulff, Ulrich: *Untergang mit Maus und Muse.* In: Süddeutsche Zeitung v. 5. 2. 2002.
9 Schneider, Rolf: *Der beste Grass seit Jahren.* In: Die Welt v. 5. 2. 2002.
10 Bucheli, Roman: *Die verspätete Erinnerung.* In: NZZ v. 9. 2. 2002.
11 Knipphals, Dirk: Schiffskatastrophen und andere Untergänge. In: taz v. 20. 2. 2002.
12 Gegen-Denkmal. In: Der Spiegel v. 16. 6. 2003, Nr. 25, S. 178.

(Bitte blättern Sie um)